教育部人文社会科学研究项目"基于各主体利益协调的森林保险补贴研究"
河海大学中央高校基本科研业务费项目"基于微观主体参与行为的森林保

考虑各方主体利益协调的
森林保险补贴研究

郭志勤 ◎ 著

河海大学出版社
·南京·

图书在版编目(CIP)数据

考虑各方主体利益协调的森林保险补贴研究 / 郭志勤著. -- 南京：河海大学出版社，2023.4
 ISBN 978-7-5630-7889-9

Ⅰ. ①考… Ⅱ. ①郭… Ⅲ. ①林业－财产保险－补贴－研究－中国 Ⅳ. ①F842.66

中国国家版本馆 CIP 数据核字(2023)第 059121 号

书　　名	考虑各方主体利益协调的森林保险补贴研究
书　　号	ISBN 978-7-5630-7889-9
责任编辑	杜文渊
特约校对	李　浪　　杜彩平
装帧设计	徐娟娟
出版发行	河海大学出版社
地　　址	南京市西康路 1 号(邮编:210098)
电　　话	(025)83737852(总编室)　(025)83722833(营销部) (025)83787763(编辑室)
经　　销	江苏省新华发行集团有限公司
排　　版	南京布克文化发展有限公司
印　　刷	广东虎彩云印刷有限公司
开　　本	718 毫米×1000 毫米　1/16
印　　张	7
字　　数	110 千字
版　　次	2023 年 4 月第 1 版
印　　次	2023 年 4 月第 1 次印刷
定　　价	58.00 元

前言

　　林业是一个高风险的产业,林业经营者在相对漫长的生产经营过程中可能会遭遇森林火灾、病虫鼠害、冻害、雪压、风灾、干旱、洪涝、滑坡、泥石流、环境污染、盗伐等多种自然和人为灾害风险,给林业生产造成巨大损失。降低风险造成的损失,是林业经营者的迫切需求,而参与森林保险是一个行之有效的途径。由于森林保险具有明显的外部性特征,推行过程中必须要有政府对其进行财政补贴,保险公司才有动力提供森林保险业务。森林保险补贴工作启动以来,取得了明显的政策成效,但由于森林保险各主体之间利益不一致、不协调,使得森林保险业务的开展依然困难重重。本研究以此为切入点,对森林保险补贴政策实施过程中涉及的森林保险需求方、供给方和补贴方的利益诉求和行为取向进行研究,探讨林业经营者、保险公司和政府之间的利益博弈与利益均衡,厘清"谁补贴、补贴谁、补多少、如何补"的问题,提出优化森林保险补贴政策的建议。

　　研究过程中采用了规范研究和实证研究相结合的方法,以实证研究为主。规范研究主要采用文献分析和典型调查法。研究通过对现有文献进行回顾,梳理林业保险目前的研究方向和已有成果,选择部分地区进行实地调研,对现有森林保险实施情况进行归纳总结,从主体利益协调的视角把握森林保险的发展现状和林业经营者、保险公司及政府这三类参与主体在森林保险补贴中的角色定位和利益取向。在实证分析的过程中主要采用了 Meta 分析法、三阶段数据包络分析方法和博弈分析法;通过 Meta 分析法探讨影响林农参与森林保险意愿的因素，从而找出提升农户参与森林保险积极性的方法；建立三阶段DEA模型分析不同省市的地方政府进行森林保险补贴的效率，并在剔除了环境因素和随机因素后测度森林保险补贴效率的真实水平，探讨增强地方政府推进森林保险主动性、提高其补贴效率的途径；构建林业经营者、保险公司和政府在参与森林保险过程中的动态博弈模型，探索森林保险补贴政策推行中实现这三方参与主体利益均衡的机制。

  本研究将政策性森林保险视作一个整体，以这一系统中各参与主体的利益协调为切入点，研究森林保险补贴问题，主要包含8个章节。第1章导论部分阐述了研究的背景和意义，并对前期的相关研究进行了回顾和梳理。第2章对森林保险的概念、特点进行了界定，同时分析了市场失灵理论、公共物品理论、公共财政理论、利益相关者理论及博弈论等研究森林保险补贴的理论基础。第3章在回顾我国森林保险发展历程的基础上从投保面积、保费、保险金额、保险赔付等方面分析了目前我国森林保险市场的发展现状。第4章分别分析了林业经营者、保险公司及政府这三类主体在参与森林保险过程中的利益取向。第5章以现有的研究农户参与森林保险意愿的文献为基础，应用Meta荟萃分析方法研究了农户参与森林保险意愿的影响因素。第6章运用三阶段DEA模型分析了环境因素对森林保险补贴效率的影响，并在剔除了环境因素和随机因素后测度森林保险补贴效率的真实水平，分析影响地方政府森林保险补贴效率的因素。第7章在分析森林保险中三类主体林业经营者、保险公司和政府利益行为的基础上，讨论了这三类主体之间的静态博弈分析和动态博弈分析。第8章总结了我国森林保险的发展困境并从三个方面提出优化森林保险补贴制度的建议：在提升森林保险对林农的吸引力方面，需要丰富森林保险产品的种类，科学厘定森林保险产品费率、提高森林保险产品功能及加强森林保险宣传、简化森林保险理赔流程；在提高保险公司供给森林保险产品意愿方面，要支持当地林业部门与森林保险公司进行合作，合理确定补贴方式，通过政策支持提升保险公司整体收益；在强化地方政府推动森林保险积极性方面，需要完善林业发展评价指标，将森林保险纳入地方政府考核体系，实施差异化补贴比例，平衡各地森林保险发展。

  本研究还存在一些不完善的地方。森林保险补贴政策实施的过程中主要有林业经营者、保险公司和政府三类参与主体，但每类主体中的个体是有差异的。林业经营者中既有小农户经营者,也有吸收了部分流转林地进行经营的当地林业大户,还有专业的营林公司,这三类林业经营主体的经营目标、经济实力、经营管理水平不同,在参与森林保险过程中的利益和行为取向也是有差异的,研究着重关注了林农的利益诉求和行为取向,对林业大户和营林公司的具体情况并未进行详细分析。另外,在森林保险补贴过程中,地方政府承担着重要的补贴任务,但我国各地的林业资源和经济发展水平并不均衡,这就决定了地方政府之间的森林保险补贴意愿和财政支付能力是不一样的,本研究只在建议部分提出不同地区的地方政府进行森林保险补贴时应实施差异化的补贴标准,但关于如何界定各地补贴标准,并未建立详细的评价指标体系、给出具体的方案,这可作为后续研究的重点内容。

特别感谢姚顺波教授、王普查教授、庞庆华教授在本书撰写过程中提供的建议和指导,也诚挚感谢其他同事和同学在成书过程中提供的帮助。

目录

第1章 导论 …………………………………………………… 001
  1.1 研究背景 ………………………………………………… 003
  1.2 研究意义 ………………………………………………… 003
  1.3 国内外研究综述 ………………………………………… 004

第2章 各方主体利益协调的森林保险补贴概念界定及理论基础 …… 009
  2.1 森林保险的概念及特点 ………………………………… 011
    2.1.1 森林保险 ………………………………………… 011
    2.1.2 政策性森林保险 ………………………………… 011
    2.1.3 政策性森林保险的特点 ………………………… 012
  2.2 森林保险补贴中的主体利益 …………………………… 014
    2.2.1 森林保险补贴中的相关利益主体 ……………… 014
    2.2.2 政策性森林保险中各主体利益目标 …………… 014
  2.3 理论基础 ………………………………………………… 016
    2.3.1 市场失灵理论 …………………………………… 016
    2.3.2 公共物品理论 …………………………………… 018
    2.3.3 公共财政理论 …………………………………… 019
    2.3.4 利益相关者理论 ………………………………… 020
    2.3.5 博弈论 …………………………………………… 020

第3章 我国森林保险发展现状 ········· 021
3.1 森林保险发展历程 ········· 023
3.1.1 森林保险的起步探索阶段(1984—2003年) ········· 023
3.1.2 森林保险的稳步发展阶段(2003—2009年) ········· 024
3.1.3 森林保险的快速发展阶段(2009年至今) ········· 025
3.2 集体林权制度改革与森林保险 ········· 026
3.3 森林保险市场发展现状 ········· 027
3.3.1 森林保险投保面积 ········· 028
3.3.2 森林保险保费 ········· 029
3.3.3 森林保险金额 ········· 030
3.3.4 森林保险赔付 ········· 031

第4章 森林保险补贴过程中各主体利益取向分析 ········· 033
4.1 森林保险需求与林业经营者的利益取向 ········· 035
4.1.1 林业经营者对森林保险的需求 ········· 035
4.1.2 林业经营者的森林保险利益 ········· 036
4.2 森林保险供给与保险公司的利益取向 ········· 037
4.2.1 森林保险的供给 ········· 037
4.2.2 森林保险的弱可保性影响保险公司利益的实现 ········· 038
4.3 森林保险市场均衡与政府的利益取向 ········· 041
4.3.1 森林保险市场均衡 ········· 041
4.3.2 森林保险的社会效益 ········· 041
4.3.3 政府参与森林保险的成本与利益 ········· 042

第5章 农户参与森林保险意愿影响因素分析 ········· 045
5.1 文献回顾 ········· 047
5.1.1 个体特征 ········· 047
5.1.2 家庭经济特征 ········· 047
5.1.3 林业经营特征 ········· 048
5.1.4 对森林保险的认识 ········· 048

5.2 变量选取与理论预期 ································· 049
　　5.2.1 个体特征 ································· 049
　　5.2.2 家庭经济特征 ································· 049
　　5.2.3 林业经营特征 ································· 050
　　5.2.4 对森林保险的认识 ································· 050
5.3 数据来源和研究方法 ································· 051
　　5.3.1 数据来源和文献编码 ································· 051
　　5.3.2 研究方法 ································· 052
5.4 结果与分析 ································· 052
　　5.4.1 异质性 ································· 052
　　5.4.2 综合效应量 ································· 053
　　5.4.3 亚组分析 ································· 054
5.5 小结 ································· 057

第6章 基于三阶段DEA的森林保险补贴效率研究 ········· 059
6.1 文献回顾 ································· 061
　　6.1.1 国外通过构建DEA模型测算保险效率 ················ 061
　　6.1.2 国内通过构建DEA模型测算农业保险补贴效率 ······ 061
　　6.1.3 国内外关于森林保险补贴效率的研究 ··············· 062
6.2 模型构建、指标选取及数据来源 ································· 063
　　6.2.1 模型构建 ································· 063
　　6.2.2 指标选取 ································· 064
　　6.2.3 数据来源 ································· 064
6.3 实证研究 ································· 065
　　6.3.1 第一阶段：DEA实证结果 ································· 065
　　6.3.2 第二阶段：SFA回归结果 ································· 066
　　6.3.3 第三阶段：剔除环境因素和随机误差后的DEA分析 ··· 068
6.4 小结 ································· 069

第 7 章　森林保险补贴利益相关主体的利益博弈分析 ┈┈┈┈┈ 071
7.1　森林保险中各主体利益行为 ┈┈┈┈┈┈┈┈┈┈┈┈┈┈ 073
7.1.1　林业经营者的利益行为 ┈┈┈┈┈┈┈┈┈┈┈┈ 073
7.1.2　保险公司的利益行为 ┈┈┈┈┈┈┈┈┈┈┈┈┈ 074
7.1.3　政府的利益行为 ┈┈┈┈┈┈┈┈┈┈┈┈┈┈┈ 074
7.2　森林保险市场参与主体之间的静态博弈分析 ┈┈┈┈┈┈ 075
7.2.1　中央政府与地方政府之间的博弈 ┈┈┈┈┈┈┈┈ 075
7.2.2　保险公司与林农之间的博弈 ┈┈┈┈┈┈┈┈┈┈ 076
7.2.3　政府与林农之间的博弈 ┈┈┈┈┈┈┈┈┈┈┈┈ 077
7.3　森林保险补贴制度下市场参与主体间的动态博弈分析 ┈┈ 078
7.3.1　基本假设 ┈┈┈┈┈┈┈┈┈┈┈┈┈┈┈┈┈┈ 078
7.3.2　博弈模型的构建 ┈┈┈┈┈┈┈┈┈┈┈┈┈┈┈ 080
7.3.3　博弈模型分析 ┈┈┈┈┈┈┈┈┈┈┈┈┈┈┈┈ 081

第 8 章　森林保险补贴优化建议 ┈┈┈┈┈┈┈┈┈┈┈┈┈┈┈ 083
8.1　目前我国森林保险发展困境 ┈┈┈┈┈┈┈┈┈┈┈┈┈┈ 085
8.1.1　林农对森林保险的有效需求不足 ┈┈┈┈┈┈┈┈ 085
8.1.2　保险公司对森林保险业务的供给有限 ┈┈┈┈┈┈ 085
8.1.3　地方政府推进森林保险工作动力不足 ┈┈┈┈┈┈ 086
8.2　我国森林保险补贴建议 ┈┈┈┈┈┈┈┈┈┈┈┈┈┈┈┈ 086
8.2.1　优化森林保险产品,提升森林保险对林农的吸引力 ┈┈┈ 086
8.2.2　两头并进,提高保险公司供给森林保险产品的意愿 ┈┈┈ 088
8.2.3　完善森林保险补贴制度,强化地方政府推动森林保险的积极性 ┈┈┈┈┈┈┈┈┈┈┈┈┈┈┈┈┈┈┈┈┈┈┈┈┈ 089

参考文献 ┈┈┈┈┈┈┈┈┈┈┈┈┈┈┈┈┈┈┈┈┈┈┈┈┈┈┈ 090

第1章
导论

1.1 研究背景

林业是国民经济的重要组成部分,肩负着改善生态环境和促进经济发展的双重使命,林业的发展对于维护国家生态安全、推动农村经济发展、促进农民增收致富有着十分重要的意义。但林业是个高风险的产业,随着林权制度改革的全面深化,林业经营者独立承担经营风险,对化解风险的需求更是日益迫切。中央财政于2009年7月启动了森林保险保费补贴试点工作,并逐步扩大了森林保险补贴范围。截至2012年,纳入中央财政森林保险保费补贴范围的有福建、江西、湖南、辽宁、浙江、云南、广东、广西、四川、河北、安徽、河南、湖北、海南、重庆、贵州、陕西17个省(区、市)。截至2017年底,中央财政森林保险保费补贴范围覆盖24个省份、4个计划单列市、3个森工集团,共31个实施地区和单位,参保森林面积22.40亿亩[①],全国森林保险保费32.35亿元。

森林保险补贴试点工作启动以来,取得了明显的政策成效,但由于森林保险各主体之间利益不一致、不协调,使得森林保险业务的开展依然困难重重,森林保险补贴试点工作推进出现"上热下冷"的局面,森林保险微观主体即林业经营者和保险公司参与的积极性并不高。经营者为何依然不很情愿投保?其有效需求是否严重不足?影响因素有哪些?林业保险市场有很大潜力,保险公司是否依然被动?如何对微观主体进行补贴才能充分激发他们参与森林保险的积极性?这些都是推进森林保险工作必须面对的问题。

1.2 研究意义

本文从各方主体利益协调的视角出发,对森林保险的需求方、供给方及补贴方的利益取向及行为选择进行深入探索,以期为促进森林保险补贴模式创新,探寻准公共产品补贴中各方主体利益联动机制和主体间利益协调路径提供理论和现实依据。具体来讲,本课题研究意义如下:

1. 将森林保险补贴视作一个整体系统,林业经营者、保险公司和各层级

---

① 1亩≈666.67平方米

政府是这个系统中的参与主体,在构建表征各主体利益指标体系的基础上建立各方主体的利益分析框架及主体间的利益博弈模型,分析高层政府诱导下的主体行为选择和合作策略,以丰富森林保险补贴模式研究的理论与方法。

2. 利用相关数理模型实证分析影响森林保险供给和需求的因素,探讨不同层级政府在森林保险补贴中的角色和职责,探索各主体利益联动机制及主体间利益协调实现路径,为推进森林保险补贴制度提供决策参考。

1.3 国内外研究综述

目前国内外学者关于林业保险补贴的研究主要集中在以下几个方面。

1. 政府对森林保险进行补贴的必要性研究

森林资产的公共性和外部性特征决定了森林保险必定是政策性保险(马著蕴等,2007;谢异平,2008;万千等,2009)。王华丽、陈建成(2009)通过对森林保险的经济属性界定、资源配置效率以及政府财政补贴的经济学进行分析,认为森林保险的发展必须要有政府的财政扶持,否则必然导致森林保险产品供给不足,造成市场失灵;周式飞等(2010)在探讨森林保险成本构成特殊性对其价格与供求关系失衡影响的基础上,也提出了相似观点。李彧挥等(2012)通过对湖南、江西、福建三省的实证研究则认为森林保险财政补贴符合帕累托改进原则,具有效率,但在不同地区、不同补贴标准的效率存在差异。

2. 林业保险补贴模式政策性研究

在政府财政扶持方面,郑志山、周式飞(2008)提出政府对森林保险的财政补贴应包括保费补贴、业务费用补贴、再保险支持、税收优惠和建立风险基金,李丹、曹玉昆(2008)也提出了相似建议。李建明(2008)认为国家应建立支农惠农的风险补偿机制,实行森林保险保费补贴政策,加大中央和省级政府的财政扶持力度,并建议中央财政降低或减免保险公司开展森林保险业务的所得税。战立强(2010)认为应根据林种及林业经营者经济效益的不同,制订差异性的保费补贴政策,分层次渐进式推进森林保险事业的发展。补贴的形式可以多样,依据林农的需要,可以直接补贴资金,也可以是营林投资品、技术指导、税收优惠等,或对保险经营主体的经营亏损进行补贴、实行税收优惠、进行再保险分保等(郑志山、周式飞,2008;胡继平、王伟,2009;冷慧卿等,

2009;马平等,2017)。韩国康等(2008)通过浙江省调研,并借鉴国内外农业保险实践经验,提出了"林农需求与保险供给相匹配,市场运作与政策支持相呼应,共保经营与互保合作相结合,全省统筹与县级核算相连结,有限风险与责任分层相统一"的政策性森林保险发展思路。许慧娟等(2009)提出建立"以政策性森林保险为基础,商业性森林保险为补充的复合型森林保险体系"。石焱、夏自谦(2009)还提出"政府引导+共保经营并兼顾政府引导+互保合作"的经营模式。张毅(2009)认为可借鉴社会保险的运作方式,建立"基本保障+补充保险"模式。潘家坪、常继锋(2010)在对国内外森林保险经营模式进行分析总结的基础上,提出政府有限支持型介入模式。宋逢明、冷慧卿(2010)通过引入PPP模式,建立了"森林保险计划"组织框架。潘家坪、常继锋(2000)提议应适时组建政策性农业保险公司,来专门经办森林保险,将森林保险业务与普通商业保险业务彻底分开经营,单独针对政策性业务制定发展计划,摆脱商业经营模式对森林保险业发展的限制。王珺等(2009)认为,各省可通过直接指定或招标的方式确定专门的保险公司承办政策性森林保险。富丽莎等(2020)在对我国森林保险发展困境进行分析的基础上提出要构建独立健全、协同高效的森林保险制度体系,科学设计森林保险产品体系,合理制定财政补贴体系,并完善相关政策法规。季然等(2020)提出要出台林业专项法律法规、丰富森林保险产品种类、提高森林保险产品功能、建立科学的费率厘定方式、引导保险公司进行技术创新等改进建议。

3. 森林保险产品需求和供给研究

导致森林保险产品需求有限的原因主要是林地经营者有限的购买意愿和能力(Goodwin,2001;Ruohola,2005),林业收入不是林地经营者的主要经济来源(Glauber & Collins,2002;Holthausen & Baur,2004)。若农户对国家保险费补贴满意,将显著提高森林保险购买意愿(廖文梅等,2011;毛成龙等,2011)。Brunette(2015)和Couture(2007)分析了保险费率、风险偏好、政府财政补贴、政府救济等对森林经营主的森林保险购买意愿影响,指出过高的政府灾后救济会降低森林经营主的森林购买意愿。De Saint-Vincent(2000)预测,在法国所有的1 500万公顷森林中,只有70~90万公顷森林参加保险,比重仅为森林总量的5至6个百分点。森林保险最早只有火灾险,1990年之后才涉及到风暴险。签署的合同包括恢复造林的成本,以及立木的未来价值。保费设定在 5 欧元/公顷至 6.5 欧元/公顷。仅有少数的私有林主和银行等机构投资者，而没有社区等公有林主参加保险(De Saint-Vincent，2000)。李彧挥等(2007，2014)分别对福建永安和湖南、江西的森林保险做了实证分析，得出林农投保政策性森林保险仍具备较高可行性，财政对保费的补贴降低林农的负担率作用明显，政府补贴对林农参保意愿存在明显的正向激励；秦涛等(2013)也分别通过对浙江和湖南的实证研究得出类似的结论。邓晶(2013)还测算出在现有保费水平下，政府对森林保险保费财政补贴每提高 1%，林农购买森林保险的概率增加 7.6%。杨琳(2010)、王灿雄(2011)、万千(2012)、翁奇(2018)、刘汉成(2019)等也通过对农户的实证分析得出国家补贴保费是影响森林保险需求的显著因素，另外，农户本身特征、资源禀赋、农户风险态度和风险认知以及保险产品特征也对森林保险需求产生影响，但对于各因素的影响强度，学者们的研究结论并不一致。冯祥锦等(2013)基于福建 95 家林业企业的调查实证分析发现，企业所有权性质、林地情况特征和对森林保险了解程度显著影响林业企业森林保险支付意愿。秦涛等(2014)也得出了类似的结论，认为林业企业对森林保险有强烈的需求，但是由于森林保险产品和补贴政策设计上的不合理，尤其是保险金额过低，并不能很好地满足林业企业的风险管理需要。

森林保险产品供给方面，李彧挥(2014)构建经验指标"简单赔付率"对保险公司提供森林保险的成本收益进行测算分析，认为保险公司提供森林保险产品不仅能够为林农提供有效保障，也能取得较好的经济收益。石焱(2008)认为森林保险实施过程中道德风险和逆向选择广泛存在，具有高风险和高赔付率的特点。周式飞(2010)从林农的角度分析信息不对称问题，认为当信息不对称广泛存在时，逆向选择与道德风险充满整个政策性森林保险市场，实际赔付率远高于保险公司预期，极大制约森林保险市场有效供给。林业经营的复杂性导致保险公司在费率厘定和确定受损方面存在着较大的困难，直接影响其运营绩效。黄祖梅(2014)针对森林保险市场中存在的道德风险提出，保险公司必须设计一种机制，使得投保人能从自身利益出发，约束自己的行为，积极配合保险人，减少灾害事故发生的可能性和降低事故发生时造成标的的损害程度。

4. 森林保险补贴效率研究

国内关于森林保险补贴效率的研究可以分为三类。一是通过探讨森林保险补贴对农户参与森林保险的影响来研究森林保险补贴的效果。万千等(2012)、秦涛等(2013)、朱述斌等(2013)、马立根，刘芳(2014)、赵明浩(2015)采用 Logistic 或 Probit 模型证明了森林保险补贴与农户森林保险行为呈正相关关系。邓晶等(2013)，赵新华、徐永青(2016)，陈晓丽、陈彤(2016)的研究也证明保费补贴对林农保险购买行为具有正向影响。第二类是运用福利经济学的理论研究森林保险保费补贴的效率。李彧挥等(2012)以湖南省益阳市安化县、福建省三明市永安市、江西省宜春市奉新县三地的实地调研数据为基础进行论证，认为政府对政策性森林保险进行补贴符合帕累托改进原则，是有效率的。顾雪松等(2016)利用我国 2010—2013 年 21 个试点省份的非平衡面板数据进行实证分析，得出的结果表明森林保险保费补贴规模与林业总产出的关系呈"倒 U 型"，大多数省份和全国平均的补贴规模都小于最优值，处于"倒 U 型"曲线左侧的上升区间。第三类是建立 DEA 模型，测算森林保险保费补贴效率。何玥(2015)应用数据包络分析方法，通过两次测评发现森林保险制度效率没有达到最佳状态，存在改进空间。邓晶、陈启博(2018)基于 DEA 模型，分别对我国森林保险保费补贴效率进行纵向和横向研究，研究表明我国森林保险补贴仍存在规模报酬递减、制度效率较低以及各地区发展不平衡问题。郑彬、高岚(2019)基于 SE - DEA 模型与 Malmquist 指数，对 2013—2016 年我国 19 个省份的森林保险保费补贴效率进行测算，发现森林保险保费补贴总体效率不高，各地区森林保险保费补贴效率差异显著。

综上所述，国内外学者从不同角度对发展森林保险进行了理论与实践探讨，其理论和方法对本课题的研究有重要的启发和借鉴意义。但以往研究还存在以下几方面问题：一是关于森林保险参与者研究比较局限，只对某一主体提出要求，强调政府要支持，林业经营者要参与，保险公司要经营。缺乏对森林保险各主体不同利益取向的分析，缺乏对于主体各方怎样协调配合、协调的机制和协调的内在动力及途径等方面的系统研究。二是侧重对森林保险经营模式的理论探讨并提出政策性建议，实证研究主要集中在森林经营主体的参保意愿及森林保险补贴效率方面，其他方面则不多见。三是对森林保险补贴的研究局限于对林业经营者进行保费补贴，而对于保险公司的补贴、不同层级政府的角色定位和其他补贴方式等方面的实证研究则开展有限。

第 2 章
各方主体利益协调的森林保险补贴概念界定及理论基础

2.1 森林保险的概念及特点

2.1.1 森林保险

森林保险是指森林经营者(被保险人)按照一定的标准缴纳保险费以获得保险企业(保险人)在森林遭受灾害时提供经济补偿的行为。这种行为以契约形式固定下来,并受到法律的保护(潘家坪,2003)。森林保险的投保人具有多样性,可以是国有林业生产单位、集体所有制合作林场、林业股份制企业以及林业专业户、重点户等。保险标的也较为广泛,凡是防护林、用材林、经济林等林木及砍伐后尚未集中存放的圆木和竹林等符合保险条件者均可参加森林保险。作为重要的林业风险保障机制,森林保险对于促进森林灾后恢复生产,维持林业健康稳定发展十分有利,很大程度上可以帮助林业经营者降低林业经营风险。

2.1.2 政策性森林保险

政策性森林保险是指在政府的财政扶持下,以公益林、商品林等森林资源为保险标的,由政府审批的保险企业根据保险合同,对被保险人在林业生产过程中因合同约定的原因造成的损失承担赔偿保险金责任的保险活动,目标是保护森林资源、实现林业发展。在我国现阶段政策性森林保险的实践中,主要为政府采用"中央财政补贴+省财政补贴+市县财政补贴的三级补贴"联动制度给予森林保险保费补贴支持,公益林和商品林的财政补贴比例有所差异,各省市由于经济发展水平不均衡,补贴比例也各有出入,在集体经济发展较好的地区,村集体也提供一定比例保费补贴,林业经营者只需承担小部分森林保险保费。

作为集体林权制度配套改革工作的重要部分,政策性森林保险对增强林农和林企抵御自然风险的能力,减轻林农和林企灾害损失,巩固林权制度改革成果,促进林农增收和林业产业现代化发展起到积极作用。本书所研究的森林保险局限于各级财政补贴下的保险情形,即政策性森林保险,且由于公益林森林保险费用全部由政府补贴,主体利益关系简单明确,本研究只探讨商品林森林保险中各主体利益协调问题。

2.1.3 政策性森林保险的特点

1. 政府支持

政策性森林保险由政府主导,主要目的在于保护受灾林农经济利益和国家生态安全,同时促进林业的稳定发展,维护长远的生态效益和社会效益,政府在财政、法律和政策上都有所支持。

在财政方面,林业是国民经济的重要组成部分,肩负着改善生态环境和促进经济发展的双重使命,林业的发展对于维护国家生态安全、推动农村经济发展、促进农民增收致富有着十分重要的意义,具有较强的外部效应,属于准公共物品。对于公共物品,包括准公共物品,不能由私人部门通过市场提供,必须由政府承担起责任,要么由政府直接提供,要么由政府提供补贴委托私人提供,以满足社会需要。

另外,为控制森林资源的消耗量不超过森林资源的增长量,从而达到增加森林面积和林木蓄积量、改善我国生态状况的目的,国家从1986年开始实施限额采伐制度,林农对自己林地上的林木并不具有完全的处置权,这一定程度上造成了林农林业产权的不完整性。由于信息沟通不畅等问题,林农经常会面临已到采伐期的林木不能采伐的问题,这部分林木的风险不应由林农自身承担,政府需要负起责任予以支持,这样一方面能保证政策性森林保险的顺利运行,另一方面也支持了森林限额采伐制度的平稳实施。

在法律方面,森林保险隶属于大农业保险的范畴,在国际上,政策性农业保险通常不受各国商业保险法具体规范的制约,而由专门制定的政策法规进行规范。如美国的农作物保险是一种政策性农业保险业务,它受专门的《联邦农作物保险法》的规范和制约。为规范农业保险活动,保护农业保险活动当事人的合法权益,提高农业生产抗风险能力,促进农业保险事业健康发展,我国自2013年3月1日起施行《农业保险条例》,包括森林保险在内的农业保险活动受该条例的规范和制约。

在政策方面,不断扩大对森林保险工作的宣传推广和技术支持,持续完善森林保险的财政支持政策,对森林保险经营机构给予经营费用补贴,完善监管政策,加强市场监管。同时持续推动森林保险品种的丰富、费率科学厘定的引导和森林保险保障水平的提升。

2. 非营利性

我国现阶段的政策性森林保险主要体现为保费补贴,是林业补贴的一种形式。林业补贴在性质上属于公共财政举措,所以政策性森林保险实质上是国家为保证林业经济稳定发展而由政府财政对林业的净投入,是一种支持林业发展的政策工具,也是对关系到资源环境和国土安全方面问题进行宏观调控的一种手段,因此政策性森林保险不以营利为目的,更多地体现为国家对林业发展的一种扶持。

3. 公正高效性

森林灾害发生以后,政府也会对受灾的林业经营者进行灾害救济,这对于减轻林业经营者经济损失、维持林业稳定发展起到了重要作用。但财政直接补贴的灾害救济容易给政府财政造成较大压力,我国集体林面积较大的区域多处在经济发展相对较慢的省市,能对受灾的林业经营者提供的帮助有限,这一定程度上降低了林业经营者进行林业生产的积极性。同时,政府提供的无偿灾害救济还可能增强林业经营者对政府救济的依赖心理,弱化林业经营者主动进行防灾、减灾、抗灾和救灾的积极性,从而产生道德风险。另外,财政直接补贴的灾害救济在实现过程中需要依托政府的行政系统,在执行过程中,容易滋生挪用资金甚至贪污等违法违规现象,使救灾补贴的公正性和效率性受损,降低救灾效果。而政策性森林保险则充分发挥林业经营者的自主性,参与森林保险的林业经营者需要承担一部分保险费,各级财政给予保费补贴,不参加森林保险的林业经营者则没有补贴,体现了权利和义务相一致的原则,补贴过程更加公平和高效。

4. 自愿性与强制性相结合

《农业保险条例》第三条规定:农业保险实行政府引导、市场运作、自主自愿和协同推进的原则。任何单位和个人不得利用行政权力、职务或者职业便利以及其他方式强迫、限制农民或者农业生产经营组织参加农业保险。森林保险也属于涉农保险的一种,对于经营商品林的经营者,应遵循自愿投保的原则,充分尊重林业经营者的意愿,政府不能强制或限制其参加森林保险,但可以通过广泛的政策宣传,积极引导更多的林业经营者投保。对于关系到国家生态安全的重点公益林的经营者,则强制其投保,以确保重点林区的森林安全,维护国家生态环境的稳定。这充分体现了政策性森林保险自愿性与强制性相结合的原则。

2.2 森林保险补贴中的主体利益

2.2.1 森林保险补贴中的相关利益主体

在我国政策性森林保险实践中,政府、保险公司和林业经营者是最为相关的三类利益主体。政府的主要作用是对其他两类主体提供支持,一方面通过中央和地方财政对参加森林保险的林业经营者提供保费补贴;另一方面,以公开招标或者评估的方式因地制宜选择最合适特定地区的保险公司经营森林保险业务,通过营业税费减免、辅助展业查勘和建立大灾准备金等方式帮助保险公司提供森林保险服务。保险公司从林业经营者那里收取保险费用,获得政府财政补贴资金,直接承担森林保险具体业务,包括宣传森林保险,设计差异化的森林保险产品,科学厘定保险费率区间,森林保险灾害发生后对损失现场查勘定损、合理理赔等,做好森林保险服务。林业经营者作为森林保险中的被保险人,通过向保险公司缴纳保险费购买森林保险服务,在发生森林灾害后有获得赔偿的权利。本书中研究的林业经营者主要指集体林权改革后获得林权证的林农和部分营林大户、营林公司。

2.2.2 政策性森林保险中各主体利益目标

1. 政府的利益目标:生态安全与林业发展

在政策性森林保险中,政府通过沟通协调和财政补贴,建立起森林保险体系,保障生态安全和林业发展。从公共经济学的视角看,作为"准公共物品"的森林,既属于全国性公共物品,也属于地方性公共物品,所以在森林保险补贴中,既有中央政府财政补贴,又有地方各级政府财政补贴。政策性森林保险目标的层次性决定了中央政府与地方政府不同的保障范围,地方财力的不均衡又使得各地政府在政策性森林保险中的定位不同,从而决定了中央政府与地方政府的具体利益追求有一定的差异。各级政府利益协调一致一定程度上可以推动森林保险健康发展。

2. 保险公司的利益目标:利润最大化

一般来说,作为独立核算、自负盈亏的商业企业,保险公司参与农业保险追求的主要目标就是以经营利润为表现形式的经济利益,以期实现利润的最大化。保险公司承担林业保险业务的前提是总收益大于各项成本费用,收益是保费总收入,成本则包括保费厘定、保费收取、理赔时的查勘定损以及日常运营等各方面的费用总和,若收益小于成本,则保险公司会缩减森林保险的业务并逐渐退出森林保险市场。另外,当前我国政策性森林保险主要采取"政府推动、市场运作"的方式运作,保险公司以森林保险试点为契机,增强地方政府对保险公司的了解和认可,以谋求未来在当地开展盈利性较高的商业性保险业务的外部环境支持。保险公司在经营森林保险业务时,也可以扩大公司在群众中的影响力,吸引其他保险业务的潜在客户。因此,只要保费合理,政府在查勘定损时予以业务帮助,或森林保险业务能带动其他保险业务的发展,保险公司就会积极主动地经营农业保险业务。

3. 林业经营者的利益目标:损失最小化

林木生长周期长,林业经营者在生产过程中会受到各种自然灾害、生物灾害和社会灾害的威胁,政策性森林保险是林业经营者分散经营风险的重要工具。作为经济理性人的林业经营者,会充分考虑参加森林保险的成本和效用,再来决定是否投保。参加森林保险的成本是保费,林业经营者所需支付的保费取决于保费总额和政府财政补贴比例;效用则受多个方面因素的影响。首先是林农的个人因素,不同个体的受教育程度、风险偏好、对森林保险的了解程度及重要性认知不同,对森林保险所能带来的好处认知有差异。其次是收入水平,根据马斯洛需求层次理论,人的需求由低到高分为生理的需求、安全的需求、社交的需求、尊重的需求和自我实现的需求五个层次,这五个层次的需求是从低级向高级逐步发展的。保险属于安全需求的范畴,是在生理需求得以实现后的需求,若林农家庭收入水平过低,不足以满足他们的日常生理需求,保费将不在他们的计划支出范围内,故他们不会参加森林保险。另外,林农的林业收入水平也会影响其对森林保险效用大小的判断。再次,受灾情况。林农在林业经营过程中若受过灾害影响且受灾较为严重,则更倾向于认可保险的效用。最后是森林保险的保险金额,保额越高,保障水平越高,林农的参保积极性越高。

2.3 理论基础

2.3.1 市场失灵理论

根据经济学原理,完全竞争的市场结构是资源配置的最佳方式,只有在市场完全竞争下才能够实现帕累托最优状态。但在现实经济中,完全竞争市场结构只是一种理论上的假设,其理想化的假设条件现实中是不可能全部满足的,这样就出现了"市场失灵",即市场-价格制度系统的失衡。按照市场规律来推动森林保险则往往会以失败告终。市场失灵的原因有多个方面,垄断、外部性、信息不完全等都可能使资源配置无法实现帕累托最优。在森林保险中,市场失灵的最重要的根源在于其正外部性和信息不对称。

1. 森林保险的正外部性

外部性亦称外部成本、外部效应(Externality)或溢出效应(Spillover Effect)。Paul A. Samuelson 和 William D. Nordhaus 将其定义为:外部性是指那些生产或消费对其他团体强征了不可补偿的成本或给予了无需补偿的收益的情形。Randall 则认为:外部性是用来表示"当一个行动的某些效益或成本不在决策者的考虑范围内的时候所产生的一些低效率现象;也就是某些效益被给予,或某些成本被强加给没有参加这一决策的人"。这两类定义从不同的角度说明,外部性是一个经济主体的行为对另一个经济主体的福利所产生的外部影响,可以分为正外部性和负外部性。森林保险的外部性为正外部性,体现在两个层面。

首先是林业对于整个社会的外部性。林业是关系到自然环境和生态安全的产业,在其漫长的生产过程中,森林不断吸收二氧化碳,产生氧气,起到净化空气的作用,还可以涵养水源,保持水土,调节当地气候;森林还是多种动物的栖息地、植物的生长地,产生了巨大的生态效益。就商品林而言,林业经营者虽然可以从有形产品中获得收益,但其生态产品却是被其他社会成员无偿享用的。政府采用政策性森林保险对林业产业予以扶持,对林业经营者进行补贴,有助于增进社会公平,同时对生态环境和社会环境产生正面影响。

其次是森林保险的正外部性。当森林遭遇灾害时,通过森林保险给付赔款,可以减少林业经营者损失,帮助其恢复生产。但有些森林保险产品并不完全具有私人产品的性质,比如保险公司为投保人预防林业病虫害、鼠兔等生物灾害而采取人工干预措施,也给邻近未参加森林保险的林业经营者提供了"搭便车"的机会。

当政府不对森林保险进行补贴时,林业经营者将承担购买森林保险的所有成本,个体边际成本将高于社会边际成本。于是林业经营者购买森林保险的最优量小于社会期望的最优量,即林业经营者对森林保险的需求小于社会最佳规模的需求,导致森林保险需求不足。

从森林保险供给方面来看,在政府不提供优惠条件时,保险公司经营森林保险业务的边际成本将高于社会边际成本,边际收益却小于社会边际收益。而保险公司的利益目标是利润最大化,所以其提供的森林保险的数量将小于社会需求量,森林保险出现供给不足。

2. 森林保险的信息不对称

信息不对称(Asymmetric Information)指交易中的双方拥有的信息不同。在社会政治、经济等活动中,一些成员拥有其他成员无法拥有的信息,由此造成信息的不对称。在森林保险中保险市场上,林业经营者作为投保人,对自家林地林木的情况及可能的风险比作为保险人的保险公司更为了解,由此可能产生森林保险的逆向选择和道德风险。

逆向选择是指市场交易的一方如果利用多于另一方的信息使自己受益而对方受损,信息劣势的一方难以顺利地做出决策,价格便随之扭曲,失去了平衡供求的作用,质量次的产品将质量高的产品驱逐出市场,导致市场效率降低。在森林保险中,如果信息是完全对称的,保险公司就会对高风险的标的收取较高的保险费率,对低风险的收取较低的费率。但事实上,经营森林保险业务的保险公司对林地林木信息的了解程度要比林业经营者少。一方面,林业经营本身具有一定的复杂性,专业人员才能较精准地判断其价值及风险;另一方面,林地林木一般比较偏远分散,保险公司获得相应信息需要付出较高的成本,所以保险公司通常按照平均损失概率制定保险费率。于是在森林保险市场上,风险较高的林业经营者倾向于购买保险,而低风险的林业经营者在面对平均保险费率时,会因缺乏参加保险的动力而拒绝参保,最终导致保险公司的赔付率上升,森林保险供给减少。

道德风险同样源于信息不对称,当市场交易一方参与人不能观察另一方的行动或当观察(监督)成本太高时,另一方可能采取使自身效用最大化的自私行为,使对方的利益受到损害。森林保险中的道德风险体现在灾前和灾后两个方面。灾害发生前,参加森林保险的林业经营者可能会对森林风险疏于防范,甚至有意减少病虫害、鼠兔害、火灾等方面的投入和开支,灾害防范措施减少,保险公司赔付的概率则相应增加。灾害发生后,参保人没有及时主动采取有效的措施减少灾害损失,使得损失加重,导致保险公司赔偿金额增加。由于林地大多相对偏远,生产周期复杂且漫长,保险公司勘查核损困难,森林保险中的道德风险更加严重。

由上述讨论可以得知,森林保险的正外部性和信息不对称作用于森林保险的消费意愿和供给意愿两个方面,使得森林保险产品的需求和供给均呈现不足的现象。

2.3.2 公共物品理论

公共物品是相对于"私人物品"而言的,西方经济学理论认为,人类社会生产的经济物品可以分为三大类:公共物品、准公共物品和私人物品。公共物品具有共同消费性质,用于满足社会公共需要的物品和服务,它和私人物品是相对立的,具有非排他性和非竞争性两项基本特征。即某个人对公共物品的享用并不影响其他人同时享用,在技术上也不能将没有为之付款的人排除在公共物品的受益范围之外,每个人都有对同一公共物品的消费机会和消费数量,具有利益不可分割性。公共物品的这些特征使得每个人不管付费与否或付费多少,都能得到相同数量的物品,那他们都可能成为"搭便车者"。同时,物品生产者追求利润最大化,就不具有提供公共物品的动机和激励。所以公共物品是西方学者承认市场失灵的主要领域,也是政府及其他公共组织存在的主要理由,公共物品不能由私营部门通过市场提供,必须由公共部门以非市场方式提供,市场经济体制下政府的公共支出也主要以公共物品的提供范围为依据。

在林业经营过程中,森林生态效益作为物品一旦被生产出来,经营者就无法排斥那些没有为此付费的人,因此其具有典型的非排他性;而个体对森林生态效益的消费不会造成其他人消费机会和消费量的减少,因此还具有非竞争性。森林生态效益的非排他性和非竞争性，决定了其为公共物品。而林业经营者在经营商品林过程中通过一些有形物品获利，参加林业保险也在一定程度上保障其自身的经济利益，根据前文森林保险市场失灵理论的阐述，可以基本判断森林保险介于纯公共物品和私人物品之间，具有准公共物品特征，即在消费上具有不完全竞争性，在受益上又具有不完全排他性。

2.3.3 公共财政理论

公共财政（Public Finance），是指国家（政府）集中一部分社会资源，用于为市场提供公共物品和服务，满足社会公共需要的分配活动或经济行为。公共财政是市场经济下的政府财政，其经济实质就是市场经济财政，由于存在市场失灵的状态，必须靠市场以外的力量来弥补由于市场失灵所带来的无人提供满足公共需求的公共产品的空白，这个市场以外的力量就是政府的力量。政府以税收、价格补贴等方式，通过提供公共产品和公共服务间接再分配收入，也可以直接通过转移支付将现金补贴给个人。

森林保险是介于纯公共物品和私人物品之间的准公共物品，在完全市场经济中，市场是按照价格机制来配置资源的，这就决定了公共物品和准公共物品不能完全依靠完全市场机制提供。实践发展也表明，森林保险风险大、赔付额高，无法通过完全市场机制来提供能满足林业经营者需要的森林保险。森林保险出现供给、需求两头不足的现象。为了让森林保险市场发挥作用，政府就需要介入保险交易过程。政府为参加森林保险的林业经营者提供保费财政补贴，降低其经济负担，使林业经营者对森林保险的需求意愿提升。这种补贴的直接受益者是林业经营者，作为森林保险供给者的保险公司并未得到激励，不能够获得一定利润，保险公司就会采取消极行为抵御森林保险业务。为增强森林保险市场的作用，政府给予保险公司经营管理费用补贴、减免相关税费的政策支持，政府林业部门也在林地林木价值评估、灾后查勘定损等方面予以一定支持，保险公司经营森林保险业务成本下降，森林保险供给量上升。森林保险市场在政府财政补贴支持下消费容量得到有效提高，对林业经营者的保险需求和保险公司的保险供给行为都产生积极的正向影响，供需双方参与林业保险的动力得到激发。

2.3.4 利益相关者理论

利益相关者理论是20世纪60年代左右在西方国家逐步发展起来的。早期学者在界定利益相关者时将其局限在组织、企业内,这些利益相关者与企业的生存和发展密切相关,他们有的分担了企业的经营风险,有的为企业的经营活动付出了代价,有的对企业进行监督和制约,企业的经营决策必须要考虑他们的利益或接受他们的约束。80年代后,利益相关者影响迅速扩大,有了更为丰富的内涵,弗里曼(Freeman,1984)率先将利益相关者从企业延伸到供应商、各级政府部门、环境保护主义者等。

森林保险的利益相关主体包括政府、林业经营者及保险公司等相关利益主体。政府推进森林保险的收益在于稳定林业生产、促进农村经济与社会发展,最重要的是保障环境气候和生态安全。林业经营者参加森林保险可以降低经营风险,使灾害损失最小化。保险公司的收益则是经营利润,并希望通过和政府合作扩大其在当地的影响力和知名度,有利于其他保险业务的展开,提升整体收益。

2.3.5 博弈论

博弈论也称为对策论或者赛局理论,研究具有不同利益诉求的行为主体发生直接的相互作用时,各主体的行为决策以及这种决策的均衡问题,其实质是分析在利益冲突中各博弈主体如何采取行动以实现自身效用的最大化。在双方或多方的博弈过程中,各主体的策略行为选择并不是独立的或一成不变的,而是具有相互依赖性,其策略行为会受到对方策略行为的影响,发生变更和变化,从而形成多种策略行为组合,其中最优的策略行为组合就是博弈均衡。在森林保险中,存在纵向利益关系中主体间的利益博弈,包括中央政府与地方政府的博弈、政府与保险公司的博弈、保险公司与林业经营者的博弈、政府与林业经营者的博弈;也有地方政府之间、提供森林保险产品的保险公司之间以及林业经营者之间等横向利益关系中主体间的利益博弈,在博弈过程中各主体通过行为策略选择来实现主体间的利益分配与合作策略。

第3章
我国森林保险发展现状

3.1 森林保险发展历程

森林保险在发展过程中离不开林业管理部门的技术和业务支持,也离不开财政管理部门的资金支持,因此森林保险的发展历程与林业相关政策息息相关。林业"三定"政策方针落实后,随着林业商品生产的发展,森林保险的现实需求也开始显现。20世纪80年代,我国森林保险工作正式开启,三十多年来,森林保险从无到有,几经曲折,随着国家林业政策的不断推进,森林保险的发展也呈现出明显的时间分布。根据不同时期森林保险的规章制度、保险规模、发展速度,结合相关学者对林业保险的探索,林业保险的发展历程大致可以分为起步探索、稳步发展和快速发展三个大的阶段。

3.1.1 森林保险的起步探索阶段(1984—2003年)

党的十一届三中全会以后,社会主义市场经济逐步发展,森林价格也从1978年开始恢复研究。为了强化森林资源管理、减少森林灾害损失,当时的林业部和中国人民保险公司合作开展了森林保险课题研究计划,拟定了我国首个森林保险条款,为森林保险业务的实施提供了理论基础和政策依据。在这一阶段,中国人民保险公司几乎是我国森林保险业务的唯一保险人,1984年由中国人民保险公司广西省分公司在广西省灵川县开始启动我国首次森林保险业务;1985年至1986年,吉林省汪清县、福建省邵武市、辽宁省本溪市先后进行了森林保险试点,对保险公司主办、林业部门与保险公司共保、林业部门自保及林业保险合作组织互保等多种森林保险承保形式进行了探索。为丰富承保树种、简化保险金额档次、合理化保险费率,中国人民保险公司江西省分公司于1985年制定了《杉树保险试行条例》,一年后重新修订,于1986年出台了《用材林保险试行条款》,是80年代具有代表性的森林保险规定。1987年中国人民保险公司将森林保险正式列入业务范围。根据几个森林保险试点单位的不完全统计,1984年到1987年间,全国森林承保面积在33万公顷以上,保费收入42万元,承保保额3亿~4亿元,赔付总额34万元,赔付率81%(高岚,2002)。

1995年10月1日,《中华人民共和国保险法》(以下简称《保险法》)开始实施，《保险法》第一百五十五条规定，"国家支持发展为农业生产服务的保险事业，农业保险由法律、行政法规另行规定"。1996年，中国人民保险公司财产保险有限公司印发了《关于目前加强种植业保险业务管理的几点意见》，1996年，中国人民保险公司分成中保财产保险有限公司和中保人寿保险有限公司，森林保险业务由前者承继，并看作是农业保险的一项主要效益险种。1987—1997年的十年间，中国人民保险公司在全国内有20多个分公司开展森林保险业务，累计保险费收入为25 566.5万元，累计赔款支出为17 244.9万元，综合赔付率为67.45%（王华丽，2011）。

3.1.2 森林保险的稳步发展阶段(2003—2009年)

2003年，中共中央国务院在《中共中央 国务院关于加快林业发展的决定》中提出，要深化林业体制改革，进一步完善林业产权制度。福建、江西等省率先在这方面展开探索，开始了集体林权改革的试点工作。林权改革确权到户后，林业经营者独立承担林业漫长经营周期中的各种风险，对化解风险的需求日益迫切，新一轮的森林保险试点工作也伴随集体林权改革的深化陆续展开。2005年，福建省林业厅下发了《关于开展森林保险试点工作的通知》。2007年10月，江西省林业厅、财政厅、保监局联合下发《关于印发〈江西省林木火灾保险试点工作方案〉的通知》，在全省26个县开展政策性林木火灾保险试点工作。2008年，湖南省财政厅、林业厅、保监局共同拟定了《湖南省森林保险实施方案》，并于次年颁布了《湖南省森林保险条款》。相对于20世纪90年代，这一时期的森林保险工作得到稳定发展，以湖南省为例，2000—2008年间其参保森林面积介于446.87万亩至986.51万亩间，保险金额介于3.27亿元至16.45亿元间，保险费介于301.6万元至973.8万元间（曾静，王锦霞，2009）。这一时期，森林保险的承保主体也开始多样化，湖南省开展森林保险的不仅包括中保财产保险有限公司，还包括中华联合财产保险公司。但这一阶段的集体林权改革还未深化，林业产权制度不够清晰，再加上森林保险经营的复杂性及森林保险配套扶持政策的缺乏，我国森林保险的总体进程仍处于推广和完善阶段，2008年的特大雨雪冰冻灾害就给林业经营者造成了巨大损失。

3.1.3 森林保险的快速发展阶段(2009年至今)

2008年中央一号文件明确提出全面推进集体林权制度改革的任务和目标,即要在5年内完成集体林的承包到户和明晰产权,并逐渐实现集体林业良性发展的目标,要"积极推进林木采伐管理、公益林补偿、林权抵押、政策性森林保险等配套改革"。2008年6月颁布了《中共中央 国务院关于全面推进集体林权制度改革的意见》,意见提出要加快建立政策性森林保险制度,提高农户抵御自然灾害的能力。在2009年的中央林业工作会议上,中央全面部署了集体林权改革的相关工作,并指出要坚定不移地全面推进集体林权改革,推动我国林业的更大发展。2009年5月,中央五部门联合下发了《关于做好集体林权制度改革与林业发展金融服务工作的指导意见》,"积极探索建立森林保险体系"是其中重要的一条指导意见。同年7月,中央财政启动了森林保险保费补贴试点工作,并逐步扩大了森林保险补贴范围。2009年中央财政森林保险补贴区域仅为江西、湖南、浙江三省;2010年,补贴范围新增辽宁、云南、福建三省;2011年,又增加广东、四川、广西三省(区);2012年,新增区域为河北、安徽、河南、湖北、海南、重庆、贵州、陕西八省(市);2013年,新增区域为山西、内蒙古、吉林、甘肃、青海、大连、宁波、青岛八省(市),以及大兴安岭林业集团公司。截至2017年底,中央财政森林保险保费补贴范围覆盖24个省份、4个计划单列市、3个森工集团,共31个实施地区和单位,参保森林面积22.40亿亩。2017年,全国森林保险保费32.35亿元,中央、省、市县三级财政投入森林保险保费补贴共计29.07亿元,森林保险总保额为13 011.42亿元,总赔付金额10.71亿元,赔付率为33.11%,从参保面积、保费规模等能看出,这一阶段森林保险得到了迅速发展。森林保险承保主体也更为丰富,2017年,我国有人保财险等29家保险机构通过独立经营或者参与共保体方式开展森林保险业务。另外这一阶段的森林保险制度更为完善,森林再保险业务发展势头良好,森林保险产品种类更为繁多,保险公司承保理赔工作效率也更高。

3.2 集体林权制度改革与森林保险

作为集体林权制度改革的配套政策，森林保险的发展一直受到集体林权制度的影响。1949年以来，我国的集体林权制度一直随着国家林业政策的调整而不断变化，研究林业的学者以新中国成立以来我国农村改革阶段为基本思路，对集体林权制度变迁进行了总结。借鉴前人对集体林权制度变迁历程的划分方式，按照集体林区林权的公有化程度，可以将1949年以来集体林权变迁过程分为以下四个大时期，分别是集体林权的私有化时期、林权的集体所有制时期、集体林地双重经营体制时期和集体林权制度改革时期，具体又可以分为七个时期，见表3-1。

表3-1 林权制度改革与森林保险制度

林权制度改革			森林保险制度	
时期	具体阶段	特点	阶段	特点
集体林权的私有化时期（1949—1955）	土地改革阶段（1949—1953）	农民对自己林地具有排他性的使用权、收益的独享权和自由的转让权，可对自己拥有的山林进行处分		
	初级农业合作社阶段(1953—1955)	山林所有权基本稳定不变，只是合在一起共用，农民依据其所有权，行使剩余索取权		
林权的集体所有制时期（1956—1980）	高级农业合作化时期(1956—1958)	连片林地都折价转为合作社集体所有		
	人民公社时期(1958—1980)	各种山林均为单一的合作社集体所有制形式		
集体林地双重经营体制时期（1980—2003）	林业"三定"时期(1980—1991)	自留山（或荒沙荒滩）划给社员长期使用，所种植林木归社员个人所有	森林保险的起步探索阶段(1984—2003)	国有林场和乡镇集体为参保主体
	林业股份合作制和荒山拍卖时期(1992—2003)	产权形式出现多元化，呈现产权市场化导向		
集体林权制度改革时期（2003年至今）	集体林权制度改革时期（2003年至今）	集体林地为集体所有，农户承包经营林地的收益归农户所有	稳步发展阶段(2003—2009)	林农参保需求突出，业务规模逐步扩大
			快速发展阶段(2009年至今)	财政补贴，政府扶持

森林保险开始于林业"三定"时期。这一时期农民拥有较充分的林地经营权和林木所有权,但其对经营林业的持续性信心不足,并没有参加森林保险的意识和需求。这一阶段,我国森林保险主要以国有林场、国有采育场和乡镇集体为参保主体(张长达,2011)。而且在分林到户的过程中,由于宣传不到位,群众认为划给自己的林地林木的所有权和处分权都归自己,基于前面林业产权制度变化频繁,群众对政策的持久性失去信心,普遍实施短期行为,这一时期很多地方出现了乱砍滥伐现象,林业"三定"中途废止。

20世纪90年代初,山西、内蒙古等省区的部分县市为加速小流域治理,开展荒山、荒坡、荒滩、荒沟(简称"四荒")使用权的拍卖工作。在南方以福建三明市、湖南怀化市及广东始兴县为试点逐步推广林业股份合作制,对责任山实行分股分利的折股联营。而在"四荒"使用权的拍卖过程中,林业的相关配套措施没跟上,导致一些地方产生了权力寻租,集体与大户合谋,大户以极低的流转价格获得了大片山林。这一时期林业经营管理粗放,经济效益差,森林保险发展极为缓慢。

2003年,中央率先在福建启动了重点在于突破林业产权制度改革、建立现代林业产权制度的新一轮集体林权改革试点,并于2008年在全国范围内全面铺开。集体林权改革的重点工作之一就是分林到户,农户成为主要的林业经营主体,需要独立面对漫长林业经营周期中的各种风险,化解林业经营风险的需求不断增强。为了稳定林农收入,保证林业可持续经营和发展,巩固集体林产权制度改革的成果,集体林权改革不断深化,推行了包括森林保险在内的一系列集体林配套改革措施。2009年,中央财政启动了森林保险保费补贴试点工作,并逐步扩大了森林保险补贴范围。截至2017年底,中央财政森林保险保费补贴范围覆盖31个实施地区和单位,参保森林面积达到22.40亿亩。

3.3 森林保险市场发展现状

森林保险的保障机制对于稳定林农收入,保证林业可持续经营和发展,巩固林权制度改革成果具有重大意义,自2009年启动森林保险中央财政保费补贴试点以来，取得了明显的政策成效，极大地推动了森林保险市场的发展。

3.3.1 森林保险投保面积

图 3-1 是 2017 年 20 个省区森林保险的参保面积，可以看出，森林保险参保面积最大的是云南、四川、内蒙古等林地面积较大的省区，河南、山东等林地面积较小的省份参保面积也较少，而湖南、广东、江西、陕西、甘肃几省林地面积相差不大，但森林保险参保面积差异较大，说明从参保面积上来看，各省的森林保险发展并不平衡。

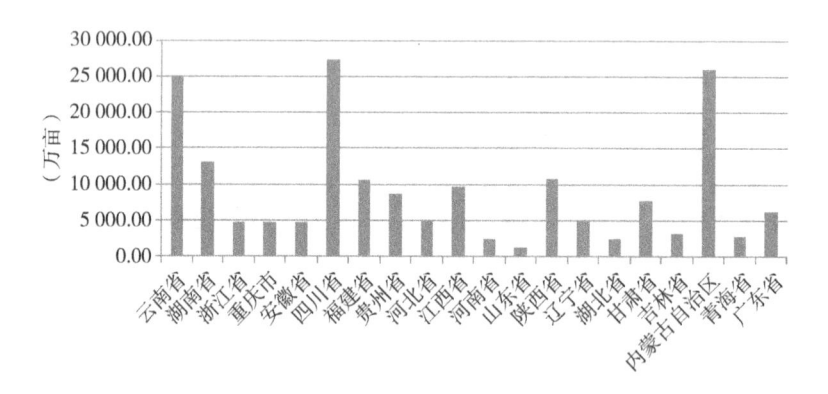

图 3-1　2017 年各省森林保险参保面积

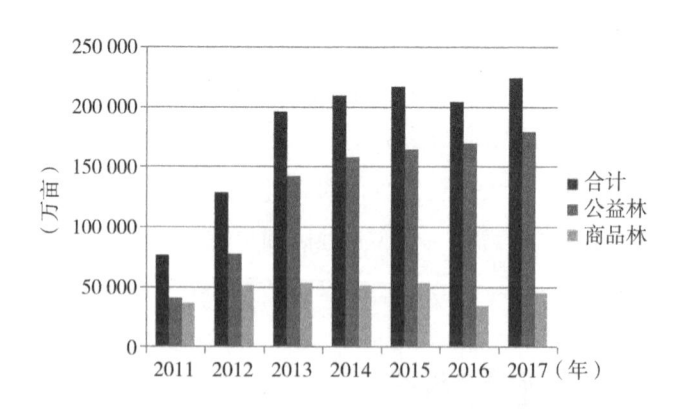

图 3-2　2011—2017 年森林保险参保面积

图 3-2 反映了从 2011 年至 2017 年间森林保险参保面积的变化情况。六

年间,森林保险参保面积整体呈稳步增长态势,主要体现在公益林上。和 2011 年相比,2017 年森林保险参保总面积增加了 191.28%,其中公益林参保面积增长迅猛,增长率达 341.37%,而商品林六年间的参保面积增长率仅为 23.37%,主要原因在于公益林参加森林保险后,各级财政保费补贴比例极高,林农负担部分几乎不足 5%,绝大多数林农都能承担这部分保费支出;而商品林森林保险保费的财政补贴比例相对较低,农户需要负担的保费支出是同面积公益林保费的将近六倍(见图 3-3),这对于部分农户来讲是一个不小的负担。由此可见,要想提高森林保险的参保面积,商品林是关键,重点在于提高农户参加森林保险的积极性。

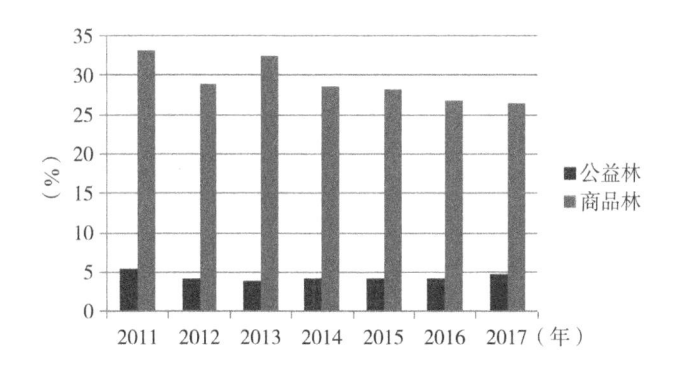

图 3-3　2011—2017 年林业经营者承担森林保险保费比例

3.3.2　森林保险保费

从图 3-4 可以看出,2011—2017 年,森林保险保费收入逐年稳步上涨,从 66 035.22 万元到 323 453.67 万元,七年间增长了 389.82%。公益林森林保险保费收入与总体保费收入的增长趋势基本保持一致,年均涨幅达 83.75%;而商品林保费收入呈波动变化,且与公益林保费收入差距较大,2011—2012 年增长率较为明显,达到 152.16%,2012—2017 年间,商品林保费收入上下波动,六年的增长率只有 3.8%,并无明显增加。单从保费收入来看,保险公司经营森林保险业务的驱动力有限。

图 3-5 为 2011—2017 年森林保险保费财政补贴部分的额度,可以看出,森林保险保费财政补贴的变化趋势和森林保险保费收入的变化趋势基本一致。七年间,森林保险保费补贴金额从 53 960.88 万元增加至 290 712.53 万

元,年均增长62.62%。2017年,公益林森林保险保费补贴占财政补贴总额的79.77%,商品林保费补贴占财政补贴总额的20.23%,公益林保费补贴比例和总金额高于商品林。因此,进一步推动森林保险政策的重点在于商品林。

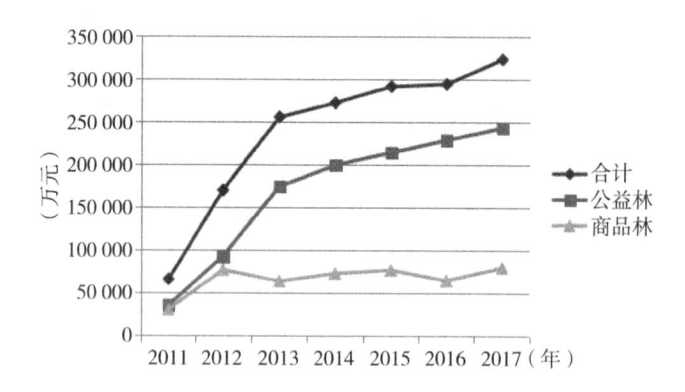

图 3-4　2011—2017 年森林保险保费

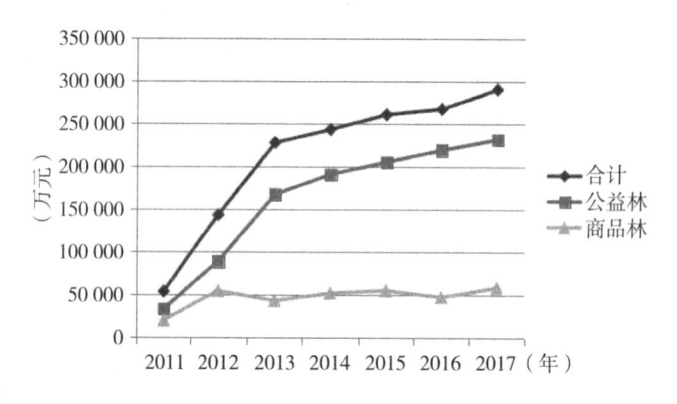

图 3-5　2011—2017 年森林保险保费财政补贴

3.3.3　森林保险金额

图 3-6 为 2011—2017 年间森林保险的保险金额,由图可以看出,2011—2015 年间森林保险金额增长迅速,年增长率达到 67.26%,2016 年森林保险金额有小幅下降,是商品林森林保险参保面积下降引起保险金额下降所导致的,2017 年又略有回升。

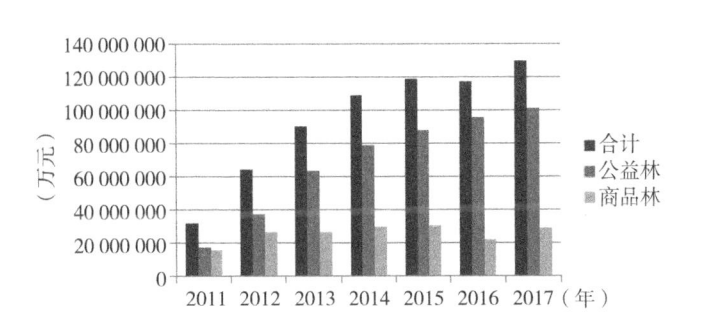

图 3-6　2011—2017 年森林保险金额

从亩均保额来看,公益林和商品林的保险金额都呈波动上升的趋势(见图 3-7)。2011—2017 年,公益林亩均保险金额从 414.50 元/亩上升至 565.64 元/亩,增长率 36.46%;商品林亩均保险金额从 422.67 元/亩上升至 642.10 元/亩,增长率 51.92%。商品林的亩均保险金额和增长速度都高于公益林,这有利于提高林农参加商品林森林保险的积极性。

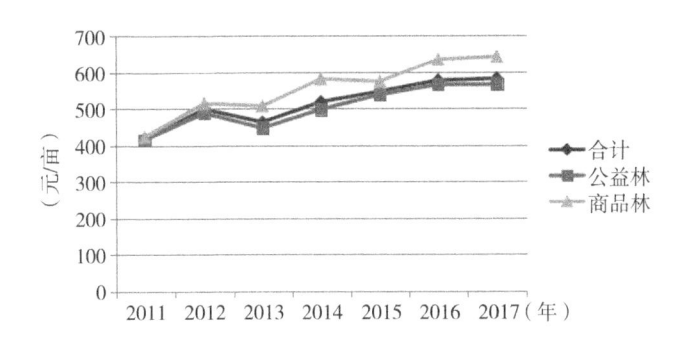

图 3-7　2011—2017 年森林保险亩均保额

3.3.4　森林保险赔付

图 3-8 反映了 2011—2017 年森林保险赔付金额变化趋势,公益林和总的林业保险的赔付金额在 2011 年至 2015 年快速增长,商品林的赔付金额则将这一趋势延续到 2016 年。从图 3-9 可以看出,商品林森林保险赔付率在 2016 年一度高达 83.55%,高昂的赔付率增加了保险公司的赔付成本,促使部分保险公司放弃其森林保险业务,这也成为影响森林保险市场发展、阻滞森林保险政策实施的重要因素。

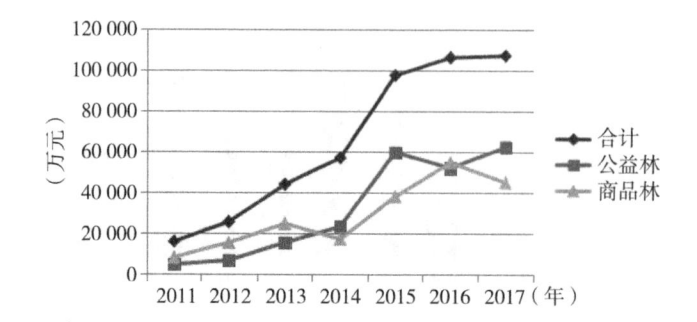

图 3-8　2011—2017 年森林保险赔付金额

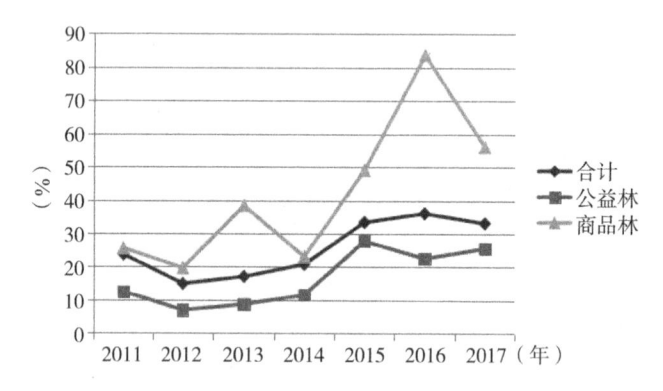

图 3-9　2011—2017 年森林保险赔付率

第 4 章
森林保险补贴过程中各主体利益取向分析

我国的森林保险参与者主要包括林业经营者、保险公司和政府三类利益主体。作为森林保险的需求方，林业经营者追求的是林业经营过程中风险和损失的最小化；作为森林保险的供给方，保险公司追求的是企业利润的最大化；政府是森林保险的推动者，是森林保险政策和财政补贴的提供方，追求的是社会效益的最大化。

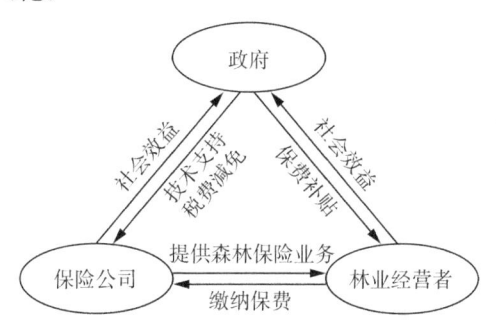

图 4-1 森林保险利益主体

4.1 森林保险需求与林业经营者的利益取向

4.1.1 林业经营者对森林保险的需求

森林保险需求是指林业经营者在一定时期内各种可能的价格下愿意且有能力购买的森林保险商品的数量。林业经营者是林业风险的直接承受者，他们大多为农户，林业生产的特点决定了其具有较高的风险性，在经营过程中的风险损失率较高，对森林保险具有客观需求。但林业经营者对森林保险的需求受到林业经营者特征、林业资源禀赋、林业风险认知、保费价格等因素的影响，其需求函数可以用以下公式来表示：

$$Q_d = f(a_1, a_2, a_3 \cdots) \tag{4-1}$$

式中，Q_d 为森林保险的需求量，$a_1, a_2, a_3 \cdots$ 为影响森林保险需求量的因素。其中保险价格对森林保险商品的需求具有重要影响，它对于收入水平较低的大多数农户来说是奢侈品，即使有参加森林保险的客观需求，也是难以承受或者不愿意承受保费支出的。另外，若林农风险意识淡薄，也会缺乏参加保险的积极性和主动性。受传统影响，我国农民的保险意识相对淡薄，更看重眼前的既得利益，对将来可能存在的风险损失存在侥幸心理，对自然灾害导致的损失也有一种"认命"心态，从而将购买森林保险看作额外支出，如果缴纳保费参加保险后无实际损失，林农更会觉得是经济上的凭白浪费。所以在没有保费补贴及相关保险政策宣传的情况下，林农对森林保险的需求是潜在需求而不是现实有效需求。

4.1.2 林业经营者的森林保险利益

保险利益又称可保利益，是指投保人或被保险人对保险标的所具有的利害关系，即投保人或被保险人得因保险标的的损坏（或丧失）或因责任的产生而遭受经济上的损失；因保险标的的安全或免于责任而受益。保险利益具有以下几个特征：首先，保险利益是合法的利益，是投保人投保的一种法定的权利；其次，保险利益是客观存在、确定的利益；最后，保险利益是可以通过货币计量的利益。实质上，林业经营者对森林保险的需求水平与其参与森林保险获取的利益属性息息相关。林业经营者的保险利益是建立在保险标的即林业之上的，林业是林农保险利益产生的前提条件。根据森林保险利益的属性，森林保险利益是一种预期利益、补偿利益，同时还是一种不确定利益。

预期利益是指在正常情况下可以合理预见的利益，但并不一定是必定发生的利益。即在事实上尚不存在，但据有关法律或有效合同的约定在今后一段时间内将会产生的经济利益，是未来的经济利益。林业经营者对经营林业获取预期利益发生风险的概率进行估计，是否参加森林保险进行风险转移，取决于林业未来收益对林业经营者的重要性。

林业经营者参加森林保险并且遭遇灾害后，从保险公司得到的是一种补偿利益，对受灾投保者进行经济补偿是保险的最终目的和基本职能。补偿具有以下几个原则：补偿以实际损失的发生为前提；补偿以保险利益的存在为基础，并以保险利益所受损失为限；如果保险金额不大于被保险人的保险利益，补偿以保险金额为限，如果保险金额高于被保险人对标的所具有的利益，补偿仍以被保险人的实际损失为限。对林业经营者来讲，遭受灾害以后的损失额度通过参加森林保险所获取的赔偿金额体现，他们会比较投保与不投保的得失水平。在不同的收入水平和资源禀赋下,林业经营者的决策有所不同。在经济比较落后、收入水平较低的地区,林业收入对农户比较重要,这些地区往往地处偏远且自然环境恶劣,经营林业面临的风险高,对森林保险的需求较为迫切,受灾后的补偿利益对其也非常重要。然而,由于农户收入水平低,无力投保,森林保险有效需求不足。而在经济比较发达、收入水平较高的地区,农户的经济来源渠道多,林业收入在其总收入中所占比例不高,其经营林业的积极性和主动性较低,发生灾害时对其经济影响不大,所以林业补偿利益对农户并不重要,即使他们有经济能力,也并不愿意参加森林保险。缺乏有效的激励机制也导致了森林保险有效需求的不足。

另外,参加森林保险具有不确定性。在保险中,投保人一方有可能获得远大于所支付保险费的收益,但也可能白白支付保费而不会获得任何收益;保险人一方所赔付的保险金可能远大于其所收取的保险费,但也可能只收取保险费而不需要支付任何保险金费用。森林保险也是如此,农户参与森林保险,支付保险费用是确定的,收益却不确定。如果没有发生灾害,农户缴纳保险费就没有任何经济回报。林业经营周期长,在其经营过程中并不确定会不会发生灾害、哪年发生灾害,农户可能连续缴纳几年保险却没有灾害发生,这就使得一些存在侥幸心理的农户不愿参加森林保险。

4.2 森林保险供给与保险公司的利益取向

4.2.1 森林保险的供给

森林保险的供给是指保险市场上保险公司在一定时期内各种可能的价格下愿意提供并能够提供的森林保险的数量。保险公司要在考虑提供森林保险业务所带来的收益和成本的基础上才能决定是否提供该业务,森林保险的供给函数可以表示如下:

$$Q_s = f(a_1, a_2, a_3, \cdots) \tag{4-2}$$

式中,Q_s 为森林保险的供给量,$a_1, a_2, a_3, \cdots$ 则为各种影响森林保险供给的因素,包括森林保险价格、森林保险业务的成本、经营森林保险业务能带来的潜在收益等。对商业保险公司而言,林业生产的高风险性、分散性以及地区差异性等使得经营森林保险业务面临极大的技术和管理难题。另外森林保险供给量与利润直接相关,两者之间存在正相关关系,利润提高,森林保险供给量增大;利润下降,则森林保险供给量下降。

4.2.2 森林保险的弱可保性影响保险公司利益的实现

由于森林灾害发生的概率高、损失大,且经营森林保险业务的附加成本高及费率厘定困难,如果没有政府的财政支持和政策扶持,森林保险所具有的弱可保性会导致保险公司的利益难以实现。

1. 林业的高风险致使森林保险赔付较高

林业经营周期较长,在漫长的生长过程中,可能遭遇干旱、洪涝、霜冻、病虫害、鼠兔灾害、火灾等各种自然风险,这些灾害的发生无规律可循,一旦发生,造成的损失面积和损失程度都很大。我国是世界上自然灾害最为严重的国家之一,平均每年发生森林火灾1.35万起,而森林病虫害所造成的损失更大,人们形象地称之为"不冒烟的森林火灾"。由表4-1可以看出,从2009年到2018年,我国每年的森林受灾面积都很大,大规模的受灾面积会直接导致保险公司需付高额的赔付金额。

表4-1 2009—2018年中国林业受灾情况

年份	有害生物灾害发生面积(千公顷)	火灾受害森林面积(公顷)
2009	11 420	46 156
2010	44 642	45 800
2011	11 681	26 950
2012	11 764	13 948
2013	12 230	13 724
2014	12 064	19 110
2015	12 184	12 940
2016	12 113	6 224
2017	12 531	24 502
2018	12 195	16 309

数据来源:中国林业统计年鉴

为促进林业稳定健康发展,提高林业经营者的林业再生产能力,中央财政于 2009 年 7 月启动了森林保险保费补贴试点工作,并逐步扩大了森林保险补贴范围,截至 2012 年,共有 17 个省(区、市)纳入中央财政森林保险保费补贴范围。由图 4-2 可以看出,由于政府参与了森林保险,对其给予政策支持和财政补贴,在防灾防损上做了大量工作,从 2013 年开始,我国林业有害生物防治面积开始稳步增加,从 2013 年的 7 668 千公顷,上升到 2018 年的 9 489 千公顷;有害生物灾害防治率(图 4-3)也从 2013 年的 62.7% 上升到 2018 年的 77.81%,上升了 15.11 个百分点。这说明森林保险对控制林业风险和灾害防治起到了重要作用。

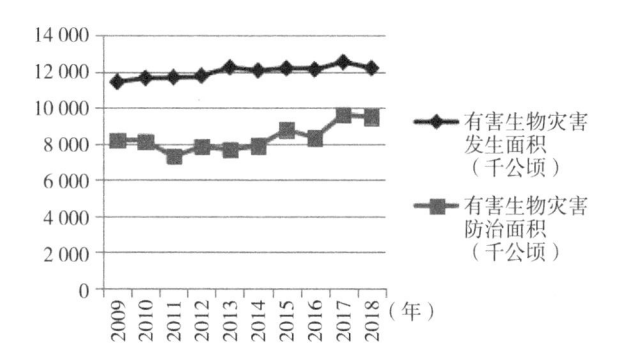

图 4-2　2009—2018 年中国林业有害生物灾害情况

数据来源:中国林业统计年鉴

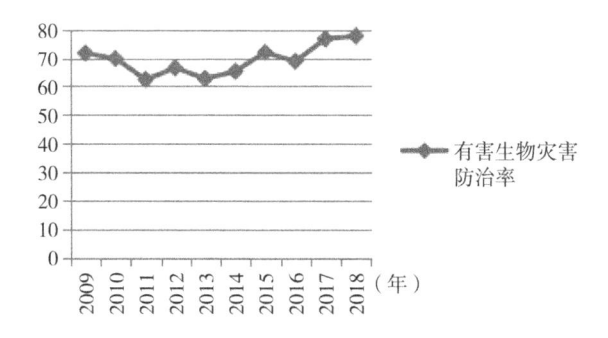

图 4-3　2009—2018 年中国林业有害生物灾害防治率

数据来源:中国林业统计年鉴

2. 林业生产特性导致保险业务经营成本高

林业生产点面广,集体林权改革实现分林到户后,集体林区林业经营者多以农户为主,经营者众多,导致森林保险保费收缴过程繁杂且困难,需要保险公司前往偏远且分散的农户去挨家挨户收取数额很少的保费,因而增加了保险公司的经营成本。林地主要分布在山区,交通不便且地理位置复杂,给保险公司查勘定损工作带来了较大困难。另外,林业受灾的种类、受损强度各不相同,且林木在生产过程中是不断增值的,保险金额也就很难确定,评估技术要求较高,需要专业的知识和长期的经验积累,这些使得森林保险业务的经营费用高于其他险种。

3. 信息不对称使得森林保险易产生逆向选择和道德风险

在森林保险中,保险公司很难判断单个林业经营者的具体风险;林农在长期的经营过程中对自己的林地非常熟悉,对其风险水平有较为清晰的认识,他们往往倾向于将风险较高的林木进行投保。这种自我筛选的过程使高风险的林地不断投保,低风险林地则不断退出,最终导致森林保险赔付金额不断增加。

道德风险是森林保险面临的另一重要难题。没有参加森林保险的林业经营者主动避免损失而选择谨慎防范风险,而参加森林保险的林业经营者,由于有保险合同的保障,可能会放松对风险的警惕和控制,客观上放任一些灾害或事故的发生,产生隐藏行为的道德风险,从而影响保险公司的收益。

4. 风险分散机制不健全使保险公司无力承担巨灾后果

我国的再保险市场和巨灾风险分散机制尚不完善,森林风险的发生具有受灾面积大、伴随性风险高的特点,风险难以分散。一旦发生林业巨灾,保险公司往往会因赔付额过高而无力承保,影响其森林保险供给持续性。

5. 森林保险的外部性导致保险公司利益的溢出性

保险公司经营森林保险业务具有正外部性,产生正溢出效应,从而使得保险公司经营森林保险业务所获得的利益具有溢出性。森林保险的职能是分散风险和补偿损失,这些职能使林业经营者、保险公司和政府三大主体都受益。林业经营者可以获得灾害损失的补偿利益,保险公司可以获得利润,政府则可以获得森林保险的溢出性利益。森林保险利益的溢出性体现在保障林业经营者的林业再生产,实现林业可持续性经营,稳定生态环境,政府是最重要的受益主体。基于森林风险的特殊性和森林保险的弱可保性及利益溢出性,政府应该予以政策支持和财政补贴,这样才能保证森林保险的有效需求和供给,实现森林保险的市场均衡。

4.3 森林保险市场均衡与政府的利益取向

4.3.1 森林保险市场均衡

在森林保险市场上,若森林保险供给等于森林保险需求,则森林保险的供需达到平衡。根据前文分析,在完全的市场条件下,林业经营者有规避风险的意愿,但受到支付能力等的影响,对森林保险的有效需求不足;保险公司有提供森林保险业务的意愿,但由于赔偿过高、经营管理困难等原因,无法提供森林保险商品。由于森林保险的弱质性,很难在自由竞争市场上达到供需平衡,因此完全靠商业化运营森林保险是不现实的。森林保险具有明显的社会效益,对于分散林业经营风险、保障林业的再生产和扩大再生产具有重大的意义,使全体社会成员享有林业生产发展、生态环境稳定的好处,政府应该对其进行扶持。只有政府参与进来,对农户进行保费补贴,或对提供森林保险业务的保险公司进行经营补贴、税费减免,才能使森林保险形成均衡价格,达到供需平衡。

4.3.2 森林保险的社会效益

林业是具有正外部性的产业,在面临自然灾害和意外事故威胁的情况下,林业经营者通过参加森林保险,将经营风险进行分散和转移,除了自身可以受益外,还会产生广泛的社会效益。首先,森林保险可以为遭受灾害的林业经营者提供经济补偿,稳定林业经营者的收入,为林业经营者投入资金恢复生产提供物质基础,保障林业再生产的顺利进行;其次,森林保险可以有效开展林业防灾减灾活动,有效降低区域内的林业受灾面积,减少灾害带来的经济损失,对于发展林业生产,维护社会稳定起到促进作用;最后,森林保险有效分散风险,可以调动林业经营者的生产积极性,稳定林业综合生产能力,有效保障国家生态安全。

林业经营者支付保费购买森林保险,不仅可以保障自身经济利益,更可以对国家和全社会产生广泛而良好的社会效益,而且林业经营者所获得的个人利益要远远小于森林保险提供的利益总量,即只获得森林保险所能提供的利益的一部分。如果由林业经营者承担林业风险分散成本,而全社会免费受益,则林业经营者的风险承担成本与所获收益严重不匹配。森林保险的利益外溢性使保险公司提供的森林保险业务也具有相同的正外部效益,而其所得利益小于供给成本,对保险公司来讲,也是不公平的。为了解决这一问题,政府需要参与到森林保险中来,通过财政补贴和政策扶持,为林业经营者进行保费补贴,对提供森林保险业务的保险公司进行税费减免,通过政府林业部门的政策宣传和林业技术支持降低保险公司提供森林保险业务的成本,保障森林保险的健康持续发展。

4.3.3 政府参与森林保险的成本与利益

1. 政府参与森林保险的成本

政府作为一个利益主体参与森林保险,有助于森林保险市场均衡价格的形成。其参与森林保险的成本包括对林业经营者的保费补贴和对保险公司的政策扶持。

政府通过对林业经营者进行保费补贴,使他们只需要承担一定比例的森林保险保费,提高了林业经营者对森林保险的支付能力。在有需求又有支付能力的条件下,林业经营者的森林保险需求转变为有效需求,从而使他们积极参加森林保险,提高了森林保险的参与率。

政府对经营森林保险业务的保险公司进行税费减免,可以有效降低保险公司的经营成本,提高森林保险的供给能力,从而提供更多的森林保险业务。另外,政府林业部门可以自森林保险中对保险公司提供一定支持。首先,对森林保险政策进行广泛宣传,提升林业经营者对森林保险的认识水平和接受能力,降低保险公司的宣传成本;其次,政府林业部门可以对保险公司提供技术支持,在林地林木价值评估、灾害损失勘定等方面予以支持,提升保险公司经营森林保险业务的能力。

2. 政府参与森林保险的收益

政府参与森林保险,一方面通过保费补贴激励林业经营者参加森林保险提高了森林保险的有效需求;另一方而,通过对经营森林保险的保险公司的政策支持提高了森林保险的供给。森林保险需求和供给的增加使森林保险产生均衡价格,也提高了森林保险的稳定性,保障了林业产业的稳定发展和生态环境的可持续性,实现了政府的利益。

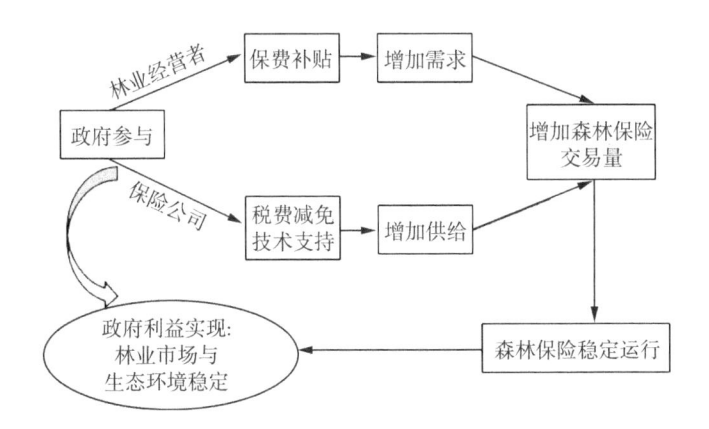

图 4-4　政府参与森林保险的成本与收益

第5章
农户参与森林保险意愿影响因素分析

森林保险具有高风险性和非盈利性的特点,属于准公共物品,无法完全按照市场化运作。森林保险补贴工作启动以来,取得了明显的政策成效,但目前农户参与森林保险并不十分踊跃(蒋凡等,2018;王天会,2017)。本研究以现有的研究农户参与森林保险意愿的文献为数据来源,应用 Meta 分析方法研究了农户参与森林保险意愿的影响因素以及这些影响因素是否存在异质性及异质性的来源。

5.1 文献回顾

究竟是哪些因素显著影响农户参与森林保险的意愿?近年来相关学者围绕这一问题展开了深入研究,形成了比较丰富的研究成果,试图解释哪些因素促进农户参与森林保险,哪些因素又会抑制其参与森林保险的意愿。归结起来可以分为以下几类:

5.1.1 个体特征

廖文梅等(2011)认为,农户年龄越大,接受新事物越难,参与森林保险的意愿越弱。翁奇(2018),李彧挥等(2007)首次通过实证研究发现农户受教育程度对森林保险需求影响显著,农户的学历越高,越愿意参与保险。王灿雄等(2011)也证明了林农接受教育程度对于政策性森林保险的购买意愿具有非常重要的影响。而高阳等(2014)通过 Logistics 回归分析发现农户受教育程度对森林保险需求存在正向影响,但在不同省份情况有所不同。在福建省和湖南省,受教育程度对农户森林保险需求有显著影响,呈促进作用。而在江西省和陕西省,农户受教育程度对森林保险需求无显著性影响。

5.1.2 家庭经济特征

毛成龙等(2011)证明农户家庭人均收入与购买森林保险意愿呈正相关,但只在5%的统计检验水平上显著,林业收入占农户收入比重也只在一定程度上与投保意愿正相关。范玲燕(2012)的研究认为林业收入占家庭收入比重显著影响农户参与森林保险的决策,当林业收入占总收入比重大时,为了保证林业收入,规避风险,农户比较愿意购买森林保险。杨琳、石道金(2010)

发现家庭人均收入和劳动力人数对农户购买森林保险意愿影响极为显著,人均收入高的家庭购买力强,参与森林保险的可能性大;而家庭劳动力多则风险分散能力强,参与森林保险意愿弱。刘军(2015)也发现林业收入占家庭收入比重与农户参与森林保险意愿显著正相关,家庭劳动力人数也显著负向影响农户参与森林保险。

5.1.3　林业经营特征

马立根、刘芳(2014)通过对九个省的农户数据进行实证研究,发现农户拥有的林地面积与其购买森林保险的意愿显著相关,林地面积越大,购买森林保险的意愿越强。秦伟国等(2010)和赵明浩(2015)则证明家庭所拥有的林地面积对农户参与森林保险影响较小且不显著,但有经济林的农户更愿意参与森林保险。朱述斌等(2013)也认为经济林所占比重大的农户,参与森林保险规避损失风险的意愿程度也更大。逯红梅(2011)同样发现有经济林与农户参与森林保险需求呈显著正相关。但李彧挥等(2007)发现家里有用材林的农户比没有用材林的农户更不愿意参加保险。

5.1.4　对森林保险的认识

万千等(2012)证明,农户对森林保险的认知水平显著影响农户对森林保险的需求,农户认为森林保险越重要,对森林保险了解程度越高,越可能购买森林保险。秦涛等(2013)也得出了类似的结论,认为农户对森林保险的认知情况对其森林保险需求具有显著的正向影响。翁奇(2018)对影响福建林农参与森林保险因素的实证分析发现,是否接受过林业培训能够非常显著地影响农户购买森林保险的行为,因为参加了森林培训的林农,对森林保险有更加深入全面的了解,可以更好地对购买森林保险行为进行利弊分析,做出最佳的生产决策。王团真(2013)也证明了对森林保险的了解程度是影响林农购买森林保险的因素之一,农户越了解森林保险的好处,就越有可能购买森林保险。

通过以上对已有文献的梳理可以发现,目前学术界关于影响农户参与森林保险因素的研究具有以下特点:第一,关于到底是哪些因素显著地影响农户参与森林保险的意愿并未得出一致性的结论。第二,是什么原因导致不同的研究之间出现分歧也未进行探讨。由于各省市林业资源禀赋及相关政策启动时间不同,各地集体林权制度改革进程并不完全一致,开展森林保险补贴的时间也不相同,这在一定程度上会影响农户参与森林保险的决策;另外在研究过程中,分析样本大小的差异可能也会导致结果出现异质性。基于以上分析,本研究尝试回答以下问题:第一,在允许异质性存在的前提下,到底是哪些因素显著影响农户参与森林保险的意愿?第二,影响农户参与森林保险意愿的因素在不同的时间段是否同质?第三,不同地域农户参与森林保险意愿的影响因素是否同质?第四,研究时样本规模不同是否会导致异质性产生。

5.2 变量选取与理论预期

基于以上对文献的回顾,本研究将研究变量分为四类,分别为个体特征、家庭经济特征、林业经营特征和对森林保险的认识。

5.2.1 个体特征

农户的个体特征包括其年龄和受教育水平,这是两个影响森林保险有效需求的重要因素。林农年龄越大越容易保持传统思维,更愿意相信自己多年的生产经验,而不容易接受通过参与森林保险来分散林业生产经营中的风险;而较年轻的农户更倾向于通过从事非农产业来提高自己的收入水平,而不重视林业生产,也不愿意参与森林保险,故预期影响为正或负。受教育水平影响着单个林农对外界事物的看法和理解程度,一般认为,林农受教育水平越高,其对保险的认识越深刻,对森林保险相关政策的理解越透彻,出于规避风险、保护财产的考虑,他们更愿意参与森林保险,因此预期影响为正。

5.2.2 家庭经济特征

家庭经济特征包括家庭收入、林业收入占家庭收入的比重和劳动力数量。家庭收入越高,农户的支付能力越强,越有能力购买森林保险;但农户家庭收入的提高可能主要由非林业推动,故参与森林保险的热情可能会下降,所以预期影响为正或负。农户林业收入占家庭收入比重越高,林业财产对家庭越重要,农户规避森林风险的意愿越强烈,对森林保险的需求也就会越高,故预期影响为正。家庭劳动力人数越多,则劳动资源越丰富,家庭收入来源多样,林业风险给家庭造成的影响相对较小,对森林保险的需求较低,预期影响为负(见表5-1)。

5.2.3 林业经营特征

林业经营特征包括林地面积和是否有经济林。林地面积越大,发生林业风险造成的家庭财产损失越严重,为了规避风险保护财产,农户倾向于参加森林保险,预期影响方向为正。经济林能在较短的时间内为农户带来较大收益,具有较高的经济价值,因此,当农户有经济林时更愿意参与森林保险,预期影响为正。

5.2.4 对森林保险的认识

对森林保险的认识包括对森林保险重要性的认知和对森林保险相关政策的了解程度。农户对森林保险在林业生产经营过程中的重要性认识越深,参与森林保险的意愿就越强烈,预期影响为正。同时农户对森林保险相关政策了解越多,越能体会到参与森林保险对自身的益处,越愿意参与森林保险,预期影响为正。

表 5-1 农户参与森林保险影响因素与预期影响方向

农户参与森林保险影响因素		预期影响方向
个体特征	年龄	+或-
	受教育水平	+
家庭经济特征	家庭收入	+或-
	林业收入占家庭收入的比重	+
	劳动力数量	-
林业经营特征	林地面积	+
	是否有经济林	+
对森林保险的认识	对森林保险重要性的认知	+
	对森林保险相关政策的了解程度	+

5.3 数据来源和研究方法

5.3.1 数据来源和文献编码

本研究数据来源于已发表的期刊文章,在中国知网和万方数据库通过主体检索和关键词检索获得文献,检索词包括森林保险、林业保险、农户、林农、保险需求、参保意愿、影响因素及其组合。共检索出相关文献 92 篇,通过阅读题目与摘要剔除 64 篇,根据纳入和排除标准进行提取,最终选取 11 篇独立的实证文献进行分析。纳入和排除标准如下:第一,研究内容为农户参与森林保险意愿或需求,研究农户对森林保险支付意愿的排除;第二,文献中需包含农户参与森林保险意愿影响因素的模型实证分析,定性分析或简单描述性统计分析的排除;第三,文献的分析结果有足够的信息能够得到或计算出本研究分析所需要的效应量及其标准差,需要有明确的研究样本;第四,有明确的研究地域,无明确研究地域的排除。

对纳入 Meta 分析的文献进行整理与编码,提取所需数据,包括发表时间、第一作者、发表期刊、研究地域、分析模型、样本量等(见表 5-2)。

表 5-2 研究文献及编码

序号	发表时间	第一作者	发表期刊	研究地域	分析模型	样本量
1	2011	廖文梅	林业科学	江西	Logistic	228
2	2013	朱述斌	林业经济	江西	Logistic	236
3	2010	杨琳	北京林业大学学报	浙江	Logistic	156
4	2011	毛成龙	绿色财会	江西	Logistic	417
5	2013	王团真	经济研究导刊	福建	Probit	276
6	2010	秦国伟	林业经济问题	江西	Logistic	72
7	2013	秦涛	中国农村经济	浙江	Logistic	140
8	2012	范玲燕	广东农业科学	福建	Logistic	116
9	2015	赵明浩	农业部管理干部学院学报	贵州	Logistic	93
10	2011	逯红梅	农村经济与科技	山西	Logistic	120
11	2014	马立根	林业经济	九省	Logistic	435

5.3.2 研究方法

本研究采用的 Meta 分析是一种对各独立研究结果进行统计分析的方法,并对研究结果间的差异来源进行探讨和检验。Meta 分析方法在医学、心理学等学科领域应用较为广泛,近年来也逐步在经济学和管理学当中得到应用。在具体分析中步骤包括构建效应量、进行异质性检验、发表偏倚检验和亚组分析。

1. 效应量

在 Meta 分析中一般选择标准化的效应量,这样不同研究的效应量才可以进行比较,标准化的效应量可以分为 d-family、r-family 和 OR-family 三大家族。与医学、心理学等学科研究对象为实验组合与对照组之间的差异不同,经济学在计量分析时大多研究两变量之间的关系,包括相关系数、偏相关系数等。结合本研究的研究对象和数据来源文献特点,选用 OR 作为本文的效应量。当 OR 值>1 表述该变量综合效应对农户参与森林保险具有正向影响,OR 值越大,影响越大;OR 值<1 为负向影响,OR=1 则无影响,进而通过显著性检验验证其显著性。

2. 异质性检验

异质性检验是 Meta 分析的重要步骤,用于检验和判断纳入分析的文献是否具有异质性。I^2<50% 说明异质性较小,可以采用固定效应模型进行合并;若 I^2>50% 则认为存在较大的异质性,采用随机效应模型进行合并。

3. 亚组分析

合并分析后对显著影响农户参与森林保险的因素根据不同的标准进行分组,并对其进行亚组分析,探讨不同研究异质性的来源。

5.4 结果与分析

5.4.1 异质性

运用 RevMan 5.3 Meta 分析软件对文献数据进行处理,结果如表 5-3 所示。从表中可以看到,只有受教育水平和家庭收入两个变量异质性程度较低,$P(Q)$分别为0.07和0.35,I^2分别为47%和9%,其余变量的异质性程度都较高,在允许存在异质性的前提下,全部采用随机效应模型。

表5-3 农户参与森林保险意愿影响因素 Meta 分析结果

变量	E	置信区间 下限	置信区间 上限	Z	P	I^2	$P(Q)$
年龄	0.88	0.78	1.01	1.87	0.06	86%	0.000 1
受教育水平	1.21	1.04	1.4	2.53	0.01	47%	0.07
家庭收入	1.19	1.11	1.27	5.11	0.000 01	9%	0.35
林业收入占家庭收入的比重	1.77	1.24	2.53	3.16	0.002	98%	0.000 01
劳动力数量	0.74	0.49	1.12	1.43	0.15	91%	0.000 01
林地面积	1.05	1	1.1	1.79	0.07	73%	0.005
是否有经济林	4.54	2.6	7.92	5.33	0.000 01	65%	0.01
对森林保险重要性的认知	7.02	0.35	142.34	1.27	0.2	93%	0.000 01
对森林保险相关政策的了解程度	3.32	1.81	6.09	3.86	0.000 1	96%	0.000 01

注:E 为综合效应量;Z 为效应量检验的统计量;P 值为显著性(P 值越小,显著性越大);I^2 为总体中异质性占比;$P(Q)$ 为异质性检验 Q 统计量。

5.4.2 综合效应量

Meta 分析结果表明,在个体特征中,年龄对农户参与森林保险意愿影响为负,但不显著。受教育水平显著影响农户参与森林保险的意愿,受教育水平越高,农户越倾向于购买森林保险,与前文预期一致。

在家庭经济特征方面,家庭收入和林业收入占家庭收入的比重都显著影响着农户的参保意愿,且为正向影响,农户收入越高,林业收入比重越大,参与森林保险的意愿越强烈,与前文预期一致。劳动力数量负向影响农户参保意愿,但影响并不显著。

从林业经营特征来看,林地面积和是否有经济林对农户参与森林保险的意愿都有正向影响,但林地面积的影响不非常显著;而是否具有经济林则极显著地影响农户参保决策,有经济林的农户很愿意参与森林保险,与前文预期一致。

就农户对森林保险的认识而言,农户对森林保险相关政策的了解程度显著影响其参保决策,对森林保险相关政策了解越深入,参保意愿就越强烈,与前文预期一致。对森林保险重要性的认知也正向影响着农户的参保意愿,但影响并不显著。

综上所述,受教育水平、家庭收入、林业收入占家庭收入的比重、是否有经济林和对森林保险相关政策的了解程度这五个因素显著正向影响着农户参与森林保险的意愿。

5.4.3 亚组分析

按照上述综合效应量分析的结果,将五种对农户参与森林保险意愿影响显著的因素分类进行亚组分析,探寻造成前期学者研究中影响因素异质性的来源。首先按照研究时间分组,我国集体林权制度改革于2008年在全国全面展开,到2011年主体改革基本完成,初步实现了分林到户、确权发证,农户获得了林地的使用权、经营权和林木的所有权,但大多数农户对林地及林业经营的态度并不积极。此后各项配套改革逐步深入,林业相关政策逐渐清晰、明确,农户的林业经营热情显著提升。学术研究大多稍微滞后于实践,2012年及之前发表的文献采用的是2011年及之前的数据,因此将研究文献分为2012年及之前的和2012年之后的两类。其次,按照地域分组,森林保险补贴政策最早在福建、江西和湖南三省试点,随后才在其它省市逐步推行,这一政策的实施显然会影响农户参与森林保险的决策,因此将研究文献按照地域分为福建、江西、湖南三省的和其他省市的两类。另外按照研究样本的大小将文献分为样本200以下和样本200以上两类。

1. 受教育水平的亚组分析

表 5-4 受教育水平亚组分析

分组对象	亚组	E	Z	P	置信区间 下限	置信区间 上限
发表时间	2012年及之前	1.22	2.24	0.03	1.03	1.46
	2012年后	1.28	0.89	0.37	0.74	2.20
研究地域	福建、江西、湖南	1.34	4.69	0.00001	1.19	1.52
	其他省市	1.09	0.77	0.44	0.87	1.37
样本数量	200以下	1.18	1.37	0.17	0.93	1.5
	200以上	1.2	2.68	0.007	1.06	1.5

从表中可以看出，2012年及之前发表的文献中受教育水平对农户参与森林保险有比较显著的正向影响，2012年后发表的文献中这一因素的影响并不显著；首批开展森林保险补贴的省份受教育水平对农户参与森林保险有比较显著的正向影响，而其余省市中该因素影响不显著；从样本规模来看，样本数量大于200的研究中受教育水平显著正向影响农户参与森林保险的意愿，样本数量小的研究中受教育水平的影响不显著。

2. 家庭收入的亚组分析

表5-5 家庭收入亚组分析

分组对象	亚组	E	Z	P	置信区间下限	置信区间上限
发表时间	2012年及之前	1.17	4.97	0.00001	1.10	1.24
	2012年后	1.46	3.16	0.002	1.15	1.84
研究地域	福建、江西、湖南	1.20	0.47	0.64	0.56	2.58
	其他省市	1.20	4.19	0.0001	1.10	1.30
样本数量	200以下	1.17	4.97	0.00001	1.10	1.24
	200以上	1.46	3.16	0.002	1.15	1.84

分析数据表明，不同发表时间、样本规模的研究中，家庭收入对农户参与森林保险都有显著的正向影响；以较晚实施森林保险补贴政策省市为研究对象的文献发现家庭收入显著正向影响农户参保意愿，而研究对象为首批开展森林保险补贴的省份中家庭收入却对农户的参保意愿影响为负且不显著。

3. 林业收入占家庭收入的比重的亚组分析

表5-6 林业收入占家庭收入的比重亚组分析

分组对象	亚组	E	Z	P	置信区间下限	置信区间上限
发表时间	2012年及之前	2.54	1.92	0.05	0.98	6.55
	2012年后	4.61	1.79	0.07	0.86	34.59
研究地域	福建、江西、湖南	4.71	3.07	0.002	1.75	12.70
	其他省市	1.13	0.42	0.67	0.63	2.04
样本数量	200以下	1.74	2.62	0.009	0.67	4.52
	200以上	3.85	3.16	0.002	1.40	10.58

从林业收入占家庭收入比重这一因素来看，两个时间段发表的文献都发现林业收入占家庭收入比重对农户参与森林保险意愿的影响都不很显著；对首批开展森林保险补贴省份的研究中该因素显著正向影响农户参保意愿，而对其他省市的研究中这一因素影响方向为负且不显著；不同样本规模的研究均证明林业收入占家庭收入比重正向影响农户参与森林保险的意愿。

4. 是否有经济林的亚组分析

表 5-7 是否有经济林亚组分析

分组对象	亚组	E	Z	P	置信区间下限	置信区间上限
发表时间	2012 年及之前	2.83	3.25	0.001	1.15	5.31
	2012 年后	4.88	3.97	0.000 1	2.19	7.66
研究地域	福建、江西、湖南	4.76	3.07	0.002	1.76	10.03
	其他省市	3.94	4.67	0.000 01	2.22	7.02
样本数量	200 以下	3.94	4.67	0.000 1	2.22	7.02
	200 以上	4.76	3.07	0.002	1.76	12.88

从是否有经济林这一因素来看，不同发表时间、研究地域和样本规模的研究得出的结论都非常一致，即是否有经济林显著影响农户参与森林保险的意愿。

5. 对森林保险相关政策是否了解的亚组分析

表 5-8 对森林保险相关政策的了解程度亚组分析

分组对象	亚组	E	Z	P	置信区间下限	置信区间上限
发表时间	2012 年及之前	2.81	2.59	0.01	1.28	6.16
	2012 年后	4.26	3.72	0.000 2	1.99	9.12
研究地域	福建、江西、湖南	3.06	2.77	0.006	1.39	6.76
	其他省市	3.46	3.64	0.000 3	1.77	6.75
样本数量	200 以下	4.80	3.63	0.000 3	2.06	11.21
	200 以上	2.37	2.04	0.04	1.03	5.44

关于对森林保险相关政策的了解程度这一因素，不同发表时间、研究地域和样本规模的研究都证明其对农户参与森林保险的意愿有显著正向影响。

5.5 小结

本部分基于已发表的文献,采用 Meta 分析方法研究农户参与森林保险意愿的影响因素,结果表明:第一,受教育水平、家庭收入、林业收入占家庭收入的比重、是否有经济林和对森林保险相关政策的了解程度这五个因素显著正向影响农户参与森林保险的意愿;第二,受教育水平和家庭收入这两个因素异质性水平较低,而林业收入占家庭收入比重、是否有经济林和对森林保险相关政策的了解程度这三个因素异质性水平较高,且导致各因素异质性的来源并不相同;第三,文献的研究时间、研究地域及样本规模都会造成受教育水平的异质性;第四,导致家庭收入和林业收入占家庭收入比重这两个因素异质性的来源均为研究地域不同;第五,是否有经济林和对森林保险相关政策的了解程度这两个因素异质性水平都较高,但其来源却并不在文献的研究时间、研究地域和样本规模这三个原因中,具体的异质性来源尚待进一步研究。

第6章
基于三阶段 DEA 的森林保险补贴效率研究

由于森林保险具有风险高、赔付率高、逆向选择和道德风险高的特点,在市场经济下保险公司经营林业保险业务往往处于非盈利状态,林农也可能因为保费高、风险不确定和赔付过程困难等原因降低投保意愿,只有降低农户的保费成本及保险公司的经营成本才能有效推进森林保险的普及,政府补贴也就成为森林保险的必然选择。截至2017年底,中央财政森林保险保费补贴范围覆盖24个省份、4个计划单列市、3个森工集团,共31个实施地区和单位,参保森林面积22.40亿亩,全国森林保险保费32.35亿元,中央、省、市县三级财政投入森林保险保费补贴共计29.07亿元,九成保费由各级财政负担。在利用财政资金促进林业发展的情况下,资金所带来的收益,即森林保险补贴的效率将备受关注。深入了解我国森林保险保费补贴效率究竟如何,影响保费补贴效率的因素是什么,该如何改进,对我国森林保险的优化具有较强的现实意义。

6.1 文献回顾

6.1.1 国外通过构建DEA模型测算保险效率

Yang Zijiang(2006)建立了两个阶段数据包络分析模型,评估运营和业务战略对加拿大人寿和健康(L&H)保险行业的双重影响。Cummins·J David(2010)利用数据包络分析估计成本、收入和利润效率,并通过对控制变量上的效率分数和战略重点的指标进行范围经济检验。Wanke利用两阶段DEA元数据挖掘方法研究了异质性在保险业中的作用。

6.1.2 国内通过构建DEA模型测算农业保险补贴效率

2014年前,鲜见对农业保险补贴效率进行研究的文献。张旭光(2014)首先利用DEA模型对内蒙古自治区的农业保险财政补贴效率进行了评价。钱振伟(2014)运用三阶段DEA模型对我国31个省(市、自治区)政策性农业保险财政补贴效率进行了分析与评估。黄颖、李彧挥(2015)、赵君彦(2015)、付空(2015)均基于DEA模型对中国农业保险效率进行了省际比较和评价。刘从敏(2015)则运用DEA方法对黑龙江省13个地市、农垦总局及全省种植业保险补贴效率进行了客观、有效的评价。王韧等(2016)、杜伟岸等(2016)基于三阶段 DEA 模型对农业险补贴效率进行了区域间的比较研究,并探讨了影响补贴效率的因素。李勇斌等(2018)通过 SBM-TOBIT-SBM 三阶段 DEA 模型对我国 31 个省(区、市)农业保险财政补贴效率进行评估,并分析了农业保险财政补贴效率的影响因素。李琴英等(2019)构建了超效率 DEA 模型和 Malmquist 指数,从横向和纵向分别测算了河南省 18 个地市的种植业保费补贴的经济和社会绩效。

6.1.3 国内外关于森林保险补贴效率的研究

国内关于森林保险补贴效率的研究可以分为三类。第一类是通过探讨森林保险补贴对农户参与森林保险的影响来研究森林保险补贴的效果。万千等(2012),秦涛等(2013),朱述斌等(2013),马立根、刘芳(2014)、赵明浩(2015)采用 Logistic 或 Probit 模型证明了森林保险补贴与农户森林保险行为呈正相关关系。邓晶等(2013),赵新华、徐永青(2016)、陈晓丽、陈彤(2016)的研究也证明保费补贴对林农保险购买行为具有正向影响。

第二类是运用福利经济学的理论研究森林保险保费补贴的效率。李彧挥等(2012)以湖南省益阳市安化县、福建省三明市永安市、江西省宜春市奉新县三地的实地调研数据为基础进行论证,认为政府对政策性森林保险进行补贴符合帕累托改进原则,是有效率的。顾雪松等(2016)利用我国 2010—2013 年 21 个试点省份的非平衡面板数据进行实证分析,结果表明森林保险保费补贴规模与林业总产出的关系呈"倒 U 型",大多数省份和全国平均的补贴规模都小于最优值,处于"倒 U 型"曲线左侧的上升区间。

第三类是建立 DEA 模型,测算森林保险保费补贴效率。何玥(2015)应用数据包络分析方法,通过两次测评发现森林保险制度效率没有达到最佳状态,存在改进空间。邓晶、陈启博(2018)基于 DEA 模型,分别对我国森林保险保费补贴效率进行纵向和横向研究,研究表明我国森林保险补贴仍存在规模报酬递减、制度效率较低以及各地区发展不平衡等问题。郑彬、高岚(2019)基于 SE-DEA 模型与 Malmquist 指数,对 2013—2016 年我国 19 个省份的森林保险保费补贴效率进行测算,发现森林保险保费补贴总体效率不高,各地区森林保险保费补贴效率差异显著。

Kao Chiang(2010)建立公共权重 DEA 模型,计算全局 Malmquist 生产率指数(MPI),识别了台湾省森林重组前业绩不佳的地区和重组后生产率提高效果不佳的地区。另外,Limaei(2013)采用传统的 DEA 模型和两阶段 DEA 模型对伊朗 14 个森林公司和森林管理单位的效率进行了估算。

6.2 模型构建、指标选取及数据来源

6.2.1 模型构建

借鉴 Fried et al.(1999,2002)提出的三阶段 DEA 模型对 20 个省、自治区、直辖市的森林保险补贴效率进行修正,从而更好地评估各决策单元(DMU)效率。

第一阶段,采用假定规模报酬可变的 DEA-BCC 模型对各 DMU 的效率进行评价,得到初始效率值和投入松弛值。

第二阶段,构建相似 SFA 模型,把松弛变量分解成含有管理无效率、环境因素和随机因素三个自变量的函数。

这一阶段以每个决策单元的投入松弛变量为因变量构建 SFA 回归方程,为:

$$s_{ij} = f_j(z_i, \beta_j) + v_{ij} + u_{ij}, i = 1, 2, \cdots, N; j = 1, 2, \cdots, P \quad (6-1)$$

式(6-1)中,s_{ij} 表示第 i 个决策单元第 j 项投入的松弛变量值,$f_j(z_i, \beta_j)$ 表示环境变量对投入的松弛变量 s_{ij} 的影响。$v_{ij} + u_{ij}$ 为复合残差项,其中 v_{ij} 为随机误差项,并且 $v_{ij} \sim N(0, \sigma^2)$;$u_{ij}$ 表示管理无效率,服从半正态分布,v_{ij} 和 u_{ij} 相互独立。

根据回归结果对决策单元的投入进行调整,剔除 EE 和 SN 对效率的影响:

$$\chi A_{ij} = \chi_{ij} + [\max(z_i \beta_j) - z_i \beta_j] + [\max(v_{ij}) - v_{ij}],$$
$$i = 1, 2, \cdots, N; j = 1, 2, \cdots, P \quad (6-2)$$

式(6-2)中,χ_{ij} 表示第 i 个决策单元第 j 项投入的实际值,χA_{ij} 为调整之后的投入值,第一个括号表示将全部决策单元调整至同质环境中;第二个括号代

表着将全部决策单元的随机误差调整至相同情形,使得每个决策单元处在相同的外部环境中。

第三阶段,将调整后的投入值与原始产出值再次代入 DEA-BCC 模型中,得到剔除了环境因素和随机因素影响的效率值,可以更客观地反映各决策单元森林保险的管理效率。

6.2.2　指标选取

1. 投入指标

本研究借鉴农业保险研究的相关经验,选取反映各级财政对森林保险补贴水平的中央财政补贴、省级财政补贴、市县财政补贴和反映农户自身保费负担大小的农户自缴保费作为投入指标。

2. 产出指标

根据林业保险开展的实际情况,结合统计数据的可获得性,本研究选取森林保险承保面积、赔付金额及保险深度作为产出指标。森林保险承保面积反映补贴对农户投保的激励效果,赔付金额反映森林保险对森林风险的赔付保障水平,森林保险深度为森林保险保费收入与农林牧渔总产值之比,反映当地森林保险在第一产业中的地位。

3. 环境变量

环境变量从以下三个方面选取:农村居民人均可支配收入、森林受害率以及农民平均受教育年限。农户参加森林保险需要自己缴纳一部分保费,只有在满足了日常生活消费之后,才会考虑投保需求,农村居民人均可支配收入反映农民自身购买力;森林受害率为当年林业受灾面积与总面积之比,我国各地区自然条件差异巨大,经营林业面临的风险大小不同,农户对森林保险的需求程度也不同,这一因素会直接影响森林保险效率;农民平均受教育年限能在一定程度上反映农民对森林保险的认知程度,从而影响森林保险的财政补贴效率。

6.2.3　数据来源

本研究将选用各指标 2017 年数据对我国森林保险财政补贴效率进行评估。以上所有指标数据来源于《2018 中国森林保险发展报告》和《中国统计年鉴 2018》。

6.3 实证研究

6.3.1 第一阶段：DEA 实证结果

表 6-1 DEA 一阶段效率值

DMU	TE	PTE	SE	RTS	DMU	TE	PTE	SE	RTS
云南省	1	1	1	—	山东省	0.443	0.881	0.502	irs
湖南省	0.542	0.549	0.988	irs	陕西省	0.622	0.665	0.936	irs
浙江省	1	1	1	—	辽宁省	0.526	0.588	0.894	irs
重庆市	0.63	0.794	0.794	irs	湖北省	0.88	1	0.88	irs
安徽省	0.418	0.467	0.894	irs	甘肃省	1	1	1	—
四川省	0.838	1	0.838	drs	吉林省	0.392	0.601	0.652	irs
福建省	1	1	1	—	内蒙古自治区	1	1	1	—
贵州省	0.53	0.548	0.967	irs	青海省	1	1	1	—
河北省	0.422	0.432	0.976	irs	广东省	1	1	1	—
江西省	1	1	1	—	全国	0.624	1	0.624	drs
河南省	1	1	1	—	均值	0.756	0.835	0.902	

注：TE 为技术效率，PTE 为纯技术效率，SE 为规模效率，TE=PTE×SE，RTS 表示规模报酬，—、irs、drs 分别为规模报酬不变、递增、递减，下同。

利用初始的投入、产出数据，使用 DEAP2.1 软件测算出了 2017 年森林保险的补贴效率，结果如上表所示。在不考虑外部环境影响的情况下，我国 20 个省(市、区)及全国的森林保险补贴效率的均值为 0.756，说明森林保险补贴方面资源配置能力、资源使用效率偏低，保险补贴效率仍有较大的提升空间，各级政府的补贴资金未能充分发挥作用。纯技术效率均值为 0.835，规模效率均值为 0.902，表明森林保险规模因素对补贴效率的影响大于管理和技术等因素的影响,说明我国的森林保险补贴政策自实施以来规模不断扩大,已经达到了较高水平;而纯技术效率略低于规模效率,说明森林保险补贴绩效较低更大程度上是纯技术效率导致的。云南、浙江、福建、江西、河南、甘肃、内蒙古、青海、广东 9 个省、市、区的综合效率、纯技术效率、规模效率均为 1,表明这几个地区森林保险补贴效率非常高,补贴资金等各方面的资源得到充分利用并发挥了显著作用。四川及湖北的 PTE 为 1 而 TE 小于 1,说明这些地区财政资源未能充分利用的主要原因在于森林保险规模不合适。重庆、安徽、辽宁、吉林 4 个省市的纯技术效率及规模效率均低于均值,说明这些地方补贴资金利用率低,浪费较为严重,存在很大的提升空间。

从规模报酬状态来看,云南、浙江、福建、江西、河南、甘肃、内蒙古、青海以及广东 9 个省、市、区处于规模报酬不变,说明这些地区森林保险补贴已经达到了合适的规模状态,不需要进行保险补贴规模大小的调整和改善。四川处于规模报酬递减,说明扩大该地区的森林保险规模只会降低补贴效率。其余省市则处于规模报酬递增状态,说明其森林保险补贴力度应当加大,增加补贴资金,从而提高森林保险补贴效率。

6.3.2 第二阶段:SFA 回归结果

第一阶段传统 DEA 并未考虑不同地区环境及随机误差因素对森林保险补贴效率的影响,然而环境因素和随机误差因素往往影响着投入产出水平。第二阶段将原始投入指标的松弛变量作为因变量,将农村居民人均可支配收入、森林受害率以及农民平均受教育年限作为自变量,运用 SFA 模型进行回归分析,分离管理无效率、环境因素和随机噪声。运用 Frontier4.1 软件进行数据处理,得到 SFA 回归分析结果,如表 6-2 所示。

表 6-2 中,投入松弛变量的单边广义似然比检验结果(LR test)在不同程度上通过了显著性检验,有效拒绝了 OLS 估计结果,说明存在管理无效率,运用 SFA 模型具有合理性。Gamma 值均趋近于 1,说明管理无效率对森林保险效率产生主要影响。当各投入指标松弛变量的 SFA 回归系数为正时,表示环境因素与投入松弛变量呈正相关,环境因素的增加不利于提高森林保险补贴效率;当各投入松弛变量的 SFA 回归系数为负时,则相反。

表 6-2 SFA 回归分析结果

解释变量	被解释变量			
	中央财政补贴松弛量	省级财政补贴松弛量	市县级财政补贴松弛量	农户自缴保费松弛量
常数	−9 730.79***	−4 938.45***	−2 161.40***	−4 828.15***
农村居民人均可支配收入	−0.21***	−0.10***	−0.06***	−0.06***
森林受害率	−19.26***	−10.01***	−6.69***	2.62
农民平均受教育年限	−1 580.83***	−793.57***	−370.95***	−698.99***
sigma-squared	5 307 436.60***	1 945 988.20***	1 028 343.00***	315 176.04***
Gamma	0.99***	0.99***	0.99***	0.99***
log likelihood function	−176.29	−164.76	−156.85	−149.98
LR test of the one-sided error	12.69***	14.69***	17.11***	6.01*

注：***、**、*分别表示在1%、5%和10%的水平上显著

由表 6-2 数据可知,农村居民人均可支配收入和农民平均受教育年限对中央财政补贴松弛变量、省级财政补贴松弛量、市县级财政补贴松弛量及农户自缴保费松弛量的影响均通过了 1% 的显著性检验;森林受害率对中央财政补贴松弛变量、省级财政补贴松弛量和市县级财政补贴松弛量的影响在 1% 的显著性水平上通过检验,对农户自缴保费松弛量的影响不显著。此外,农村居民人均可支配收入越高,森林受害率和农民平均受教育年限这三个环境变量与各投入松弛量均呈负相关关系,说明农村居民人均可支配收入越高,森林受害率越大,农民平均受教育年限越长,森林保险财政补贴效率越高。

经过 SFA 回归剔除农村居民人均可支配收入、森林受害率以及农民平均受教育年限三大环境变量的影响后,利用调整后的投入松弛变量,结合初始产出数据,再次计算出了 20 个省、市、区及全国森林保险补贴的效率值。整体而言,技术效率均值为 0.76,纯技术效率均值为 0.83,规模效率均值为 0.90,说明我国目前森林保险规模达到了比较高的水平,但是财政资金拨付、运用

环节仍存在较大的资金浪费及管理不恰当现象,导致了森林保险补贴的低效率。其中规模效率＞纯技术效率＞技术效率,说明了我国森林保险补贴效率不高主要原因在于纯技术效率较低。

6.3.3 第三阶段:剔除环境因素和随机误差后的DEA分析

表6-3 第三阶段的DEA分析

DMU	TE	PTE	SE	RTS	DMU	TE	PTE	SE	RTS
云南省	1	1	1	—	山东省	0.351	1	0.351	irs
湖南省	0.904	0.923	0.979	irs	陕西省	0.877	0.95	0.923	irs
浙江省	0.679	0.926	0.734	irs	辽宁省	0.765	0.956	0.8	irs
重庆市	0.744	0.954	0.78	irs	湖北省	0.506	0.946	0.534	irs
安徽省	0.704	0.917	0.767	irs	甘肃省	0.835	0.918	0.91	irs
四川省	0.93	0.955	0.974	drs	吉林省	0.638	0.919	0.694	irs
福建省	1	1	1	—	内蒙古自治区	0.914	1	0.914	drs
贵州省	0.631	0.658	0.959	irs	青海省	1	1	1	—
河北省	0.719	0.885	0.813	irs	广东省	0.828	0.939	0.882	irs
江西省	0.91	0.922	0.987	irs	全国	0.867	1	0.867	drs
河南省	0.517	1	0.517	irs	均值	0.78	0.94	0.83	

将表6-1与表6-3进行对比,可以发现经过第二阶段的调整,各省、市、区的森林保险补贴效率值有所变化。综合效率有效地区从9个减少为3个,浙江、江西、河南、甘肃、内蒙古和广东六地的综合效率小于1;云南、福建、青海三地的综合效率、纯技术效率、规模效率仍然保持为1,处于技术效率前沿水平,表明在剔除环境变量影响后这几个地区森林保险补贴效率仍然非常高,补贴资金得到充分利用并发挥了显著作用。河南、山东、内蒙古的PTE为1而TE小于1,说明这些地区财政资源未能充分利用的主要原因在于森林保险规模不合适。浙江、安徽、河北、吉林的纯技术效率及规模效率均低于均值,说明这些地方补贴资金利用率较低,浪费较为严重,森林保险补贴效率存在较大的提升空间。

就规模报酬状态而言,云南、福建、青海3个地区处于规模报酬不变,说明这些地区森林保险补贴已经达到了合适的规模状态,不需要进行保险补贴规模大小的调整和改善。四川、内蒙古处于规模报酬递减,说明扩大该地区的森林保险规模只会降低补贴效率。其余15个地区则处于规模报酬递增状态,说明这些地区应当继续加大森林保险补贴力度,增加各级政府补贴资金,从而提高森林保险补贴效率。

6.4 小结

本部分运用三阶段DEA模型分析了环境因素对森林保险补贴效率的影响,并在剔除了环境因素和随机因素后测度森林保险补贴效率的真实水平。第一阶段测算结果表明,森林保险补贴效率整体水平较低,森林保险规模因素对补贴效率的影响大于管理和技术等因素的影响。第二阶段测算结果表明环境因素和随机因素对森林保险补贴效率具有显著影响。通过SFA回归发现,农村居民人均可支配收入、森林受害率和农民平均受教育年限这三个环境变量均可显著提升森林保险补贴效率。第三阶段测算结果表明:在剔除环境因素和随机因素影响后,森林保险补贴效率由0.756略微上升为0.78,纯技术效率由0.835提升到了0.94,规模报酬由0.902下降到了0.83,大部分省区处于规模报酬递增状态。由此可知森林保险补贴的规模效率较低导致其总效率处于较低水平,森林保险财政补贴具有较大的提升和改进空间。

我国幅员辽阔,不同地区的自然环境、人口特征和经济发展水平差异较大,这些差异也会影响到森林保险财政补贴的效率。各地区应因地制宜,积极采取相应的森林保险补贴办法,而不是盲目地照搬其他地区的成功经验,采取"一刀切"式的补贴标准和补贴方式。云南、福建、青海三省的综合效率为1,是我国森林保险补贴效率较高的地区,应继续保持现有的财政补贴水平;在纯技术效率为1而综合效率小于1的河南、山东、内蒙古三地,需要调整现有的财政补贴水平;而在其他地区,则既要调整现有的财政补贴水平,又要通过宣传森林保险补贴相关政策、推动当地经济社会发展来改善这些地区的森林保险补贴环境因素,从而提升当地森林保险补贴的综合效率。

第7章
森林保险补贴利益相关主体的利益博弈分析

7.1 森林保险中各主体利益行为

我国的森林保险参与者主要包括林业经营者、保险公司和政府三类利益主体。他们在博弈过程中所呈现的行为，是根据他们对自身利益的追求决定的，通过第4章对森林保险各主体利益取向的分析可得出表7-1：

表7-1 森林保险参与者的利益需求和利益目标

利益相关者	利益需求或取向	利益目标
中央政府	①提升森林质量，建设生态文明 ②促进农民增收，提高其林业生产积极性	①生态效益最大化 ②整体效益最大化
地方政府	①完成行政任务 ②减少地方财政支出 ③提高地方林业经济、社会效益	①地方林业经济贡献最大化 ②支出最小化
保险公司	增加利润	经营利润最大化
农户	增加收入来源	家庭收益最大化

7.1.1 林业经营者的利益行为

林业经营者是林业风险的直接承受者，从数量上看他们大多为农户，本研究所分析的林业经营者的利益行为即林农在森林保险中的行为。作为理性经济人，林农的利益目标是家庭收益最大化，其是否参加森林保险取决于林业收入在家庭收入中所占比例和森林保险预期收益大小等几个方面。在经济较为发达的区域，农户的经济来源更加多元化，其林业收入在家庭总收入中的比例并不高，而各地的林业资源禀赋不同，在林业资源有限、经营困难的地区，农户通过经营林业所获得的收益也极为有限。这些地区的农户，即使林业生产遭受较大自然灾害，造成的经济损失也不会对其家庭生产生活造成严重影响，因此他们对森林保险的期望值并不十分强烈。相反，对于经济并不发达或林业资源丰富的地区来讲，林业产业在区域经济产业结构中处于重要地位，农户林业经营收益在家庭总收入中所占比重较大。这些地区的农户对林业依赖较大，对森林保险的需求也较大。

本研究假设同一行政区域经济发展和林业资源禀赋是相同的，当地林农参加森林保险的预期效用可以表达如下：

$$U_1 = (R-P-L+I)p + (R-P)(1-p) \qquad (7\text{-}1)$$

林农不参加森林保险的预期效用可以表达如下：

$$U_2 = (R-L)p + R(1-p) \qquad (7\text{-}2)$$

在式(7-1)和(7-2)中，U 为林农的林业预期效用，R 表示林农正常年份的收益，P 表示森林保险的保费，L 代表风险发生时的损失额，I 代表风险发生受灾后保险公司对林农的赔偿额，p 为林业风险发生的概率。显然，只有当 $U_1 > U_2$ 时，林农选择参与森林保险，否则林农不参加森林保险。

7.1.2 保险公司的利益行为

保险公司是商业组织，其经营决策的出发点是谋求利润。假设保险公司开展森林保险业务的预期效用为 V，可以表达如下：

$$V = P(1-p) + (P-I)p - C \qquad (7\text{-}3)$$

式(7-3)中，C 表示保险公司开展森林保险业务的各项成本支出，其他如前文。保险公司只有预期效用为 $V \geqslant 0$ 时才愿意开展森林保险业务，若 $V < 0$，保险公司可能逐渐退出森林保险市场。

7.1.3 政府的利益行为

根据公共物品理论，森林保险是具有"准公共物品"特征的政策性产品，政府提供财政补贴是森林保险制度可持续发展的基础。而我国双轨制的财税制度也决定了森林保险的政府财政补贴是由中央政府和地方政府共同承担的。

就中央政府而言，森林保险能够影响到国家生态安全和农村经济长远发展大局，这是中央政府所考虑森林保险补贴政策的出发点和立足点。中央政府作为全国森林保险制度的最终供给主体，可以利用法律、法规和财政政策等强制性手段来调整森林保险有关主体的利益关系。对地方政府来说，促进林业产业化发展、提高当地林业经济发展水平是其积极推进森林保险补贴的政策目标之一，但由于森林保险需要进行长期持续投入且见效期较长，而地方经济发展水平不同，使得中央政府与地方政府、不同地方政府对于森林保险的利益行为呈现出差异化。

7.2 森林保险市场参与主体之间的静态博弈分析

7.2.1 中央政府与地方政府之间的博弈

中央政府是森林保险政策的制定者,具有较高的决策权,可以决定森林保险的试点区域、补贴标准等。作为最顶端的森林保险参与者,中央政府的目标是生态安全和林业发展,这一目标使得其在制定政策时能从更宏观的角度考虑问题,统筹其他参与者的利益关系,保障森林保险稳步发展。地方政府的主要工作是实施中央政府制定的森林保险政策,保证本地区森林保险工作的顺利开展。由于目前对地方政府的考核主要是基于经济指标进行的,所以地方政府在做决策时会表现出一定的"经济人"特征,会考虑将财政支出用于森林保险能带来的林业经济增长,并将之与将财政支出用于其他方面带来的经济增长进行衡量,若森林保险财政补贴获得的经济增长有限,地方政府可能会消极推进森林保险。同时,地方政府也会考虑,消极推进森林保险补贴政策是否会引起中央政府及林农的不满,这种不满会带来怎样的后果。

由以上分析可以看出,在森林保险补贴制定和实施过程中,中央政府的意愿更高,而且处于支配地位,地方政府处于被支配的从属地位,积极性相对要差一些。两者之间的博弈关系类似于智猪博弈,中央政府是优势的一方,需要承担更多的义务;地方政府处于劣势地位,容易表现出"搭便车"的行为,若没有中央政府的监管,其在森林保险补贴过程中可能会消极应付,财政补贴资金不能按规定时间和比例及时到位,使得林农参保意愿降低、保险公司提供森林保险积极性受挫,影响森林保险制度的推行。因此在森林保险实施过程中,中央政府一方面要加大宣传力度,让林农尽可能了解相关补贴政策,了解参加森林保险的好处,促使地方政府及时足额提供补贴;另一方面要加强对地方政府的管理,让地方政府充分意识到若不积极配合政策实施产生的后果。

7.2.2 保险公司与林农之间的博弈

保险公司和林农是两大直接参与森林保险的利益主体,林农是森林保险的需方,其是否参保的行为直接影响保险公司的决策;保险公司作为森林保险的供给者,也可通过调控保费等来影响林农的参保行为。在双方的博弈中,林农有参保和不参保两种策略,保险公司也有提供保险业务和不提供保险业务两种策略,则双方博弈会有(参保,承保)、(参保,不承保)、(不参保,承保)和(不参保,不承保)四种策略组合。由前文可知,林农参加森林保险的预期收益为 U_1,不参加森林保险的预期收益为 U_2,保险公司提供森林保险业务的预期效用为 V,不提供森林保险业务的预期效用为 0,双方对弈的矩阵如表 7-2。

表 7-2 保险公司与林农的博弈

		保险公司	
		承保	不承保
林农	参保	U_1,V	$U_1,0$
	不参保	U_2,V	$U_2,-C$

作为理性经济人,林农和保险公司的目标都是自身经济利益的最大化,要想让(参保,承保)成为博弈模型的均衡解,则需要保证 $U_1 > U_2$ 且 $V > 0$。即:

$$(R-P-L+I)p+(R-P)(1-p) > (R-L)p+R(1-p) \quad (7\text{-}4)$$

且

$$P(1-p)+(P-I)p-C > 0 \quad (7\text{-}5)$$

对式(7-4)进行简化可得:

$$p > \frac{P}{I} \quad (7\text{-}6)$$

对式(7-5)进行简化可得:

$$p < \frac{P-C}{I} \quad (7\text{-}7)$$

而 $\frac{P-C}{I} \leqslant \frac{P}{I}$，故由式(7-7)可得：

$$p \leqslant \frac{P}{I} \tag{7-8}$$

由式 7-6 和 7-8 可以看出，对农户来讲，只有当林业风险发生的概率大于自己所付的保费与发生林业风险后可能得到的补偿之比时，才会选择参加森林保险；而对于保险公司而言刚好相反，只有林业风险发生的概率小于等于收到的保费与发生林业风险后需要付出的补偿之比时，才会愿意开展森林保险业务，因此，保险公司和林农之间的最优策略存在着矛盾和对立。假设某地林业风险发生的概率是既定的，在没有政府介入的纯商业运作中，保险公司若开展森林保险业务，则倾向于尽可能地提高保险费用，降低保险赔偿水平，而林农则期望尽可能低的保险费用和较高的保险补偿。双方利益的分歧和期望的不一致最终导致保险公司不开展保险业务、林农不参加森林保险的(不承保,不参保)称为均衡解。

7.2.3 政府与林农之间的博弈

林地资源比较丰富的地区大多位于山区，当地经济发展水平和交通条件往往相对较差，林农收入较低，对森林风险认识有限，因此参与森林保险的意识较差，对保险价格非常敏感，若政府不对森林保险进行补贴，林农往往会将不参保作为最优策略。一旦发生林业风险，林农不能获得相关赔偿，经济损失严重，可能会影响其再造林行为。这对林农来讲，会失去林地的未来收益；对地方政府而言，会影响到当地林业经济发展及社会稳定；对中央政府来讲，会对生态安全造成威胁。从政府的角度来看，政府所追求的是生态环境不断改善，林业产业可持续发展以及农村的经济振兴和社会稳定，因此政府会选择对森林保险进行补贴。假设政府补贴为 S，则农户参与森林保险的预期收益为 U_1+S，只要农户参与森林保险的预期收益大于不参加森林保险的预期收益，即 $U_1+S>U_2$，林农就会选择参与森林保险。将式(7-4)、式(7-5)代入 $U_1+S>U_2$ 可得：

$$P < Ip + S \tag{7-9}$$

也就是说,只要林农自己支付的森林保险费用低于政府提供的森林补贴和发生森林风险的概率与发生风险后能获得的保险赔偿之积的总和,林农就会将参与森林保险作为最优策略,最终形成的均衡解为(补贴,投保)。

7.3 森林保险补贴制度下市场参与主体间的动态博弈分析

中央政府是森林保险补贴制度的主导者和政策的制定者,也是其他利益相关者行为的规制主体,若其不实施森林保险补贴,则该博弈不存在。因此在此研究中央政府制定森林保险补贴政策后地方政府、保险公司和林农之间的博弈。

7.3.1 基本假设

为了便于研究地方政府与保险公司、林农之间的博弈过程,首先需要作出以下假设:

7.3.1.1 局中人假设

森林保险补贴政策实施过程研究的局中人分别为地方政府、保险公司和林农三方,他们是博弈的决策主体和行动策略的制定者。地方政府在森林保险补贴政策实施过程中扮演补贴者和管理者的角色,他们需要配合中央政府的政策对森林保险费用进行一定比例的补贴,同时要通过林业部门进行广泛的宣传组织工作。尽管不同层次不同层级的地方政府之间的行为存在差异,但其扮演的角色是一致的,因此将其看成是博弈中的一个决策主体和策略制定者;保险公司提供森林保险业务,收取保险费用,也是森林保险补贴中的重要博弈主体;林农是森林保险补贴的政策对象,尽管林业经营主体较为多样,但其在森林保险补贴中的利益取向是一致的,因此把他们直接看作林农这一个博弈主体。

7.3.1.2 策略集合假设

策略是局中人进行博弈的手段和工具,策略集合是指局中人可能采取的全部策略的集合。每位局中人在进行决策时可以选择多种方法,每个策略集合至少应该有两种不同的策略。地方政府有积极配合中央政府森林保险补贴政策及时足额对森林保险进行保费补贴和消极应对不补贴两种策略，消极应对还体现在在宣传发动、组织协调等方面落实不够等。保险公司作为森林保险业务的提供者，有积极提供森林保险和消极提供森林保险两种策略选择，积极提供森林保险是指保险公司将森林保险业务看作一项惠民政策，投入大量人力物力去执行，且只收取较为低廉的保险费用，期望通过森林保险获得更多的潜在客户，从而实现未来收益的增长；消极提供森林保险是指保险公司投入较少的人力物力在该项业务中，并收取高昂的森林保险费用。林农作为博弈最底层的政策对象，有参加森林保险和不参加森林保险两种策略。

7.3.1.3 博弈的次序

很多时候局中人的决策有先后之分，这就涉及到决策的次序问题。本研究中的博弈次序可以规定为首先由地方政府做出积极执行森林保险补贴政策或消极应对的决策，其次保险公司做出是否积极提供森林保险业务的决策，最后由林农做出是否参加森林保险的决策。

7.3.1.4 完全信息假设和理性经济人假设

信息是指有关博弈的知识，如对弈者对其他局中人特征、行动等的知识。本研究假设地方政府、保险公司和林农对对方都具有完全信息，都了解其他局中人的策略集合和收益函数。在森林保险补贴政策实施过程中，地方政府追求的是当地财政支出最小化和经济社会效益最大化，保险公司追求的是自身收益最大化，而林农所追求的是自身利益或效用的最大化。

7.3.1.5 支付函数假设

局中人会根据自己采取的策略得到相应的收益。这里用支付函数来表示各个局中人从其在森林保险补贴的行为博弈中获得的收益或效用水平。

1. 地方政府的支付函数假设

中央政府的森林保险补贴政策是通过地方政府来具体实施的，在财政分权制度下，地方政府是一个相对独立的利益主体，在中央政府的激励不足与森林保险补贴政策实施成本较高的情况下，地方政府有可能在具体落实时使中央政府的森林保险补贴目标大打折扣。

地方政府的支付成本为通过林农参与森林保险实现的效益和其实施森

林保险补贴所投入的人力、物力、财力等各项成本。其中通过林农参与森林保险实现的效益包括当地的林业经济发展、生态社会稳定和上级政府的肯定。若保险公司选择积极提供森林保险业务且林农选择参保,地方政府实现这一效益,记作 E;若农户选择参加森林保险,但保险公司选择消极提供森林保险业务,则地方政府的这一效益减少 E';若农户不参保,则地方政府的这一效益难以实现,即为 0。地方政府积极实施森林保险补贴政策投入的成本用 C 表示,若地方政府对国家森林保险补贴政策采取机会主义行为,只是应付差事,则将其投入成本记作 0。

2. 保险公司的支付函数假设

保险公司是森林保险业务的提供者,其支付水平公司提供森林保险业务的经济收益和为此支出的成本。假设保险公司积极提供森林保险业务支付的成本为 K_1,消极提供森林保险业务支付的成本为 K_2,$K_1 > K_2$,地方政府积极实施森林保险补贴政策,则保险公司的成本降低 K';若林农参加森林保险,其收益为 W,林农不参加森林保险,则其收益为 0,保险公司积极提供森林保险业务可以获得潜在收益 W'。

3. 林农的支付函数假设

林农有参加森林保险和不参加森林保险两种行动策略。若林农选择不参加森林保险,则其保险收益为 0,保险成本也为 0;若林农选择参加森林保险,当发生林业风险时其获得的保险赔偿为 I,即林农参加森林保险的收益为 $I \cdot p$(p 为林业风险发生的概率)。假设地方政府和保险公司都选择积极配合中央政府的林改政策,林农参加森林保险的成本为 P;若地方政府对中央政府的森林保险政策选择消极应付或保险公司消极提供森林保险业务,则林农参加森林保险的成本分别增加 P_1、P_2。

7.3.2 博弈模型的构建

通过对地方政府、保险公司和林农在森林保险补贴中的的行为策略和支付函数进行充分假设,可以得出各对弈者之间的博弈树(图 7-1)。该博弈树有地方政府、保险公司和林农 3 个参与者,总共有 A、B、C、D、E、F、G、H 8 个终节点。

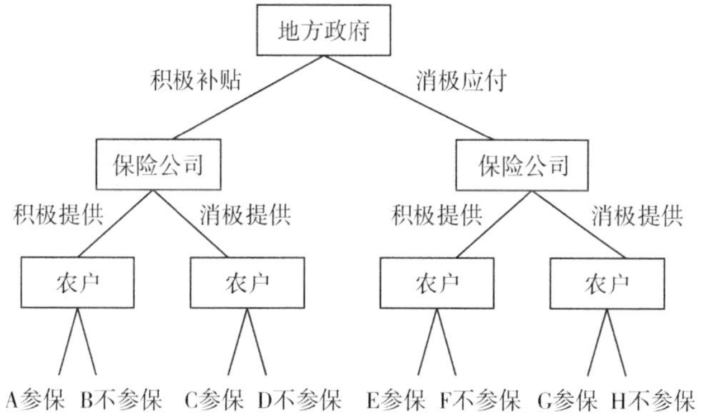

图 7-1 地方政府、保险公司和林农博弈树

其支付形式为：地方政府支付、森林保险支付和林农支付。各局中人之间的博弈结果矩阵如下表：

表 7-3 地方政府、保险公司和林农博弈矩阵

序号	策略选择			博弈矩阵
	地方政府	保险公司	林农	
A	积极补贴	积极提供	参保	$[E-C, W+W'-K_1+K', I\cdot p-P]$
B	积极补贴	积极提供	不参保	$[-C, W'-K_1+K', 0]$
C	积极补贴	消极提供	参保	$[E-C-E', W-K_2+K', I\cdot p-P-P_2]$
D	积极补贴	消极提供	不参保	$[-C, -K_2+K', 0]$
E	消极应付	积极提供	参保	$[E, W+W'-K_1, I\cdot p-P-P_1]$
F	消极应付	积极提供	不参保	$[0, W'-K_1, 0]$
G	消极应付	消极提供	参保	$[E-E', W-K_2, I\cdot p-P-P_1-P_2]$
H	消极应付	消极提供	不参保	$[0, -K_2, 0]$

7.3.3 博弈模型分析

由表 7-3 的博弈矩阵可以看出地方政府、保险公司和林农三方主体的行为特点。地方政府的效益和其积极推进森林保险的成本、获得的收益以及保险公司是否积极提供保险业务、农户是否参与森林保险有关。保险公司的收益则取决于提供森林保险业务的收益及潜在收益、积极和消极提供森林保险

业务的成本以及林农是否参与森林保险。对农户来讲,只要参加森林保险的收益大于成本,他们就会选择参加,即当 $I·p>P+P_1+P_2$ 时,林农会选择参加森林保险。而某一地区发生森林风险的概率是相对稳定的,也就是说在森林保险赔偿高,地方政府积极推进森林保险业务,保险公司积极提供森林保险业务的情况下,林农参与森林保险的概率较高;林农参与森林保险是保险公司和地方政府获得收益的基础,林农参与森林保险、地方政府积极推进森林保险政策,积极提供森林保险业务的成本越低,潜在收益越高,保险公司积极提供森林保险的概率就越高;林农参与森林保险、地方政府积极推进森林保险政策,则因为森林保险政策获得的林业经济发展、生态社会稳定和上级政府的肯定方面的收益越高,积极推进森林保险政策的成本越低,地方政府积极推进森林保险政策的概率就越高。

综合上述分析,第一种情况(A)中的均衡解 $[E-C, W+W'-K_1+K', I·p-P]$ 为最优解,即地方政府积极配合中央政府森林保险补贴政策及时足额对森林保险进行保费补贴,并在宣传发动、组织协调等方面狠抓落实;积极提供森林保险是指保险公司将森林保险业务看作一项惠民政策,投入大量人力物力去执行,且只收取较为低廉的保险费用;林农参加森林保险。此时林农支付的保险费用最低,在发生林业灾害时可以获得补偿渡过难关;保险公司提供森林保险业务成本降低,除了保险业务收益外,还可以获得潜在客户,从而实现未来其他业务收益的增长;地方政府一方面可以获得林业持续发展带来的经济增长、社会稳定、生态健康等效益,另一方面也会获得上级政府的肯定。

要想促进这一均衡结果的实现,首先要对森林保险政策进行广泛宣传,让林农认识到森林风险的危害及参加森林保险的方式、保费水平及保险补偿;其次,林业部门从技术上对保险公司提供支持和帮助,降低保险公司保费收缴和发生林业风险后查勘定损的难度,从而降低保险公司提供森林保险业务的成本;另外,林业部门从技术、市场等方面指导林农进行林业经营,提高其林业经营收入,一方面可以提升林农对森林保险的支付水平,另一方面也可以促进林农对林业进行精细化管理,主动采取措施抵御林业风险,降低森林保险中的道德风险。

第8章
森林保险补贴优化建议

8.1 目前我国森林保险发展困境

8.1.1 林农对森林保险的有效需求不足

1. 对森林保险政策认识有限,缺乏保险意识。

森林资源丰富的地区地理位置大多偏僻,林农的保险意识薄弱不愿参加保险,因而林业保险的需求有限,林农市场意识不强,对森林保险的必要性和迫切性认识不足,依然保留着传统的思想观念和侥幸心理,保险意识差,更没有长远的风险预防观念。多数林业生产者抱着遇灾等政府救济的思想,还未充分了解并接受森林保险的意义,缺乏对森林保险的深度认知。同时,部分林农对受灾后能否成功得到理赔心存疑虑,而林农对森林保险相关政策的了解程度对其购买意愿有一定的影响。

2. 家庭收入偏低,参加森林保险积极性不高。

森林资源丰富的地区多位于经济发展水平较为落后的地区,对于本来收益低的林农来说,其客观上形成了不愿投保的心理。森林保险面对的是主要从事小规模经营的林农,其收入较低,投保需求不大,直接影响了森林保险事业的进一步发展。

3. 林业经营方式粗放,收入水平低,影响林农参加森林保险的积极性。

集体林权制度改革后的小规模森林经营格局使得林业生产者收入水平较低,且地区间存在较大差距,部分林业经营者的林业收入在家庭收入中所占比例较低,导致其不愿花费更多的时间精力去对林地进行精细化管护,林地处于放养状态,对所能产生的收益也不抱期待,降低了其对森林保险的需求。

8.1.2 保险公司对森林保险业务的供给有限

首先森林保险赔付较高。我国是世界上自然灾害最为严重的国家之一,森林火灾发生频率高,森林病虫害所造成的损失大,频繁的自然灾害是造成高赔付的首要原因。而且森林生产周期长、突发性强、恢复慢,其生产过程中不仅可能遭遇各种自然风险,还面临着盗伐、人为损毁等风险,这些都导致森林保险的赔付较高。

其次森林保险经营成本高。由于森林资源不够集中,保险公司投入开发森林保险产品成本高,森林保险的宣传、承保、签约、定损、理赔等工作强度大,森林保险特殊性使得其查勘定损难度大,技术要求高,致使保险公司经营成本较高。压低费率的压力使得保险公司在设保、吸保等方面的积极性难以持久。同时,森林保险中道德风险和逆向选择问题严重,在没有政府补贴扶持的情况下,绝大部分商业保险公司不愿意从事收益低赔付高的森林保险业务。

8.1.3 地方政府推进森林保险工作动力不足

1. 对地方政府缺乏激励措施

若地方政府积极推行森林保险可以促进当地林业经济发展、生态社会稳定并能获得上级政府的肯定,地方政府就愿意投入人力、物力、财力等去推进森林保险工作。但目前森林保险工作对当地林业经济发展、生态社会稳定的影响缺乏清晰的林业相关指标,林业发展所带来的经济发展、社会稳定和生态平稳难以衡量并作为贡献计入地方政府贡献,对地方政府缺乏激励。

2. 经济薄弱地区地方政府经济压力大

目前森林保险实行各级财政补贴为主的森林保险保费补贴政策,保费由中央财政、地方财政和林业经营主体共同承担,其中地方财政承担比例为30%～50%,这给各级政府造成了巨大的财政压力,尤其是经济欠发达地区的地方财政逐渐无法承担森林保险补贴支出。在森林保险赔付中,部分省市存在保险公司超赔封顶和财政兜底情况,这进一步加大了地方政府的财政压力。

8.2 我国森林保险补贴建议

8.2.1 优化森林保险产品,提升森林保险对林农的吸引力

1. 丰富森林保险产品的种类,满足不同林业主体需求

林业生产经营过程中存在火险、病虫害、盗伐等多种风险,不同地域、不

同林中所面临的风险种类和强度有差异。针对特定地域营林特点和风险设计保险产品,不仅能够满足各地不同营林主体规避林业经营风险的需求,提高中低收入农户参与森林保险的意愿,也能促进森林保险市场全面、可持续发展。

2. 科学厘定森林保险产品费率,对不同营林主体设置差异化费率

我国幅员辽阔,东西南北地理位置不同,气候条件差异较大,各地社会、文化环境也不同,在厘定森林保险费率时应综合考虑立地条件、树龄、树种等因素,评估不同条件下的风险,科学厘定森林保险产品费率,提高营林主体的投保意愿。

林业经营主体中既有小户经营的林农,也有吸收了部分流转林地的林业大户,还有大规模新型林业公司,不同营林主体支付能力不同,对森林保险价格敏感程度也不同。根据不同营林主体的支付意愿和支付能力设置多层级费率,对提升小户经营林农,尤其是经济困难林农参与森林保险的意愿具有积极作用。同时参照费率高低设置差异化保障水平,在统筹考虑中兼顾公平。另外,为了提升林业经营者的主体责任,可以参照机动车辆保险对连续参保和保险期间赔付低或未发生灾害及意外的林业生产者下调下一阶段保费,这也可以在一定程度上抑制道德风险。

3. 提高森林保险产品的功能

目前森林保险最重要的功能在于稳定林业生产、增强林农在林业生产过程中的风险应对能力。但作为一种保险,森林保险还可以进一步发挥其金融方面的作用。如林农在筹集森林经营费用时,可以采用森林保险保单质押的方式低门槛、简环节地获得林业生产贷款。森林保险标的除了林木,还可以涉及林业碳汇、护林人员的护林行为等。另外,当林农对碳汇林投保时,除了进行成本保险,还可以针对质量、价格等进行投保,提高森林保险效益。采取多种手段拓宽林农的融资渠道,助推林业金融发展。

4. 加强森林保险宣传,简化森林保险理赔流程,提升理赔效率

目前影响林农参加森林保险积极性的原因之一在于部分林农对受灾后能否及时获得保险补偿持保留态度。一方面,要加强宣传,让林农了解森林保险理赔过程,提升其对森林保险理赔的信任度;另一方面,建立完善的森林保险综合服务平台,引导林农利用电脑、智能手机等设备通过互联网办理森

林保险业务,实现线上投保、报案,线上提交相关材料及线上理赔,提高保险服务效率,简化理赔流程,提升理赔效率。

8.2.2 两头并进,提高保险公司供给森林保险产品的意愿

目前,商业保险公司不愿意从事森林保险业务的原因有两个方面,一是经营成本高,二是收益低,可以从这两个方面齐头并进,提升商业保险公司对森林保险产品的供给意愿。

首先,支持当地林业部门与森林保险公司进行合作,提升其经营森林保险的技术能力,降低保险公司经营森林保险的成本。GPS测量仪、无人机及卫星遥感等技术手段已经在县区级的林业部门得到了较为广泛的应用,林业部门对当地林地的立地情况、林龄、林种等掌握详细全面的信息,而林业部门的工作人员更是具备非常专业的林业知识。通过行政支持,推动当地林业部门和保险公司进行合作,对森林保险从业人员进行林业专业知识和林业信息方面的培训,帮助保险公司运用GPS测量仪精准测量投保林地面积,利用无人机拍摄高清林地俯视图,在地形、林地情况特别复杂的情况下还可以提供卫星遥感技术信息支持,一方面可以提升森林保险在投保、查勘定损及理赔方面的效率,降低人工成本,另一方面也可以使保险公司获得更加精准的信息,能有效减少道德风险的发生。

其次,合理确定补贴方式,通过政策支持提升保险公司整体收益,提升其经营森林保险的积极性。森林保险补贴除了保费补贴外,还应该根据不同主体的需求,设计多样化的资金补贴形式。可以为保险公司提供森林保险业务税收优惠政策,为林业部门对保险公司森林保险业务开展提供支持的相关人员提供岗位补贴,提高保险公司开展森林保险业务的收益,提升林业部门支持森林保险业务的积极性。在森林风险频发地区,应由政府财政拨款,同时吸收社会资金建立大灾重灾风险基金,实行专户管理专项使用,如果当年森林保险赔付率超过一定比例,商业保险总公司可以申请启动该基金,以降低保险公司经营森林保险的风险。另外,允许保险公司在开展森林保险业务的过程中向林农宣传保险公司的其他商业险种,提高该公司在当地的保险密度,从而实现收益的增长。

以上措施的实施可能会引起其他问题,如保险企业逃避责任,在各森林

保险业务环节相关工作中相互推诿,将其他商业险种与森林保险强制绑定等,因此要建立严格的制度,规范保险公司的各项权利和义务。

8.2.3 完善森林保险补贴制度,强化地方政府推动森林保险的积极性

1. 完善林业发展评价指标,将森林保险纳入地方政府考核体系。

发展森林保险对于有效保护森林资源、促进林业持续健康发展具有重要意义。由于森林保险产品具有正外部性,其发展必须依靠各级政府推动,除了提供强有力的财政支持外,地方政府还要承担森林保险的宣传工作,对保险公司开展森林保险业务进行指导和监督,投入大量人力物力协调森林保险工作顺利开展。为了更好地激励地方政府,应该建立完善的林业发展评价指标,客观体现森林保险对当地生态建设、林业经济发展、建设和谐社会的积极作用,并将其纳入地方政府考核体系,提升地方政府参与森林保险的积极主动性。

2. 实施差异化补贴比例,平衡各地森林保险发展

由于不同地区之间情况存在差异,在实施森林保险补贴过程中应充分考虑各地林业状况、经济发展水平、财政情况。具体而言,先根据各省(自治区、直辖市)森林资源和森林风险状况及财政能力确定不同的补贴比例,对森林资源丰富、森林风险等级较低、财政支付能力较强的省区,中央财政设置较低的补贴比例。各地区同样应当根据本区域内不同市县的森林禀赋和财政实力设置差异化的补贴比例,对于森林风险高、财政实力较弱的应适当上调省级财政补贴比例,下调市县级补贴比例;而森林风险低、财政实力强的市县则应适当下调省级财政补贴比例,上调市县级补贴比例,实现补贴比例的区域差异化,以适应地方林业和经济发展水平,平衡各地森林保险发展。

参考文献

曹兰芳,彭城,文彩云,等.集体林区异质性农户森林保险需求及差异研究——基于湖南省500户农户面板数据[J].农业技术经济,2020(5):82-92.

陈晓丽,陈彤.森林保险最优财政补贴规模测度研究——基于调查四川省180户林农数据.新疆社会科学,2016(1):47-52.

陈曦,曹芳萍.瑞典森林保险发展历程与现状分析[J].世界林业研究,2018(6):60-64.

程醒予,耿利敏,沈文星.基于风险管理视角的林业风险与林业经济可持续发展研究综述[J].世界林业研究,2016(1):8-13.

邓晶,陈启博.基于DEA模型的我国森林保险保费补贴效率研究[J].林业经济,2018(10):88-95+112.

邓晶,潘焕学,田治威,等.我国农业保险与森林保险财政补贴政策比较[J].江苏农业科学,2013(12):426-428.

杜伟岸,杨天琦,陆晨晖.政策性农业保险财补效率及区域差异研究——基于三阶段DEA模型[J].武汉理工大学学报(社会科学版),2016,29(3):381-387.

范玲燕.农户参与森林保险意愿分析——以福建省顺昌县为例[J].广东农业科学,2012(4):212-214.

冯祥锦,黄和亮,杨建州,等.森林保险支付意愿实证分析——基于福建省森林培育企业的调查[J].林业经济.2013(9):107-112+123.

付空.中国农业保险财政补贴效率评价——基于DEA方法[J].金融经济,2015(10):124-126.

富丽莎,秦涛,潘焕学.森林保险制度体系重塑与运行机制优化[J].浙江农业学报,2020(6):112-122.

富丽莎,秦涛,潘焕学,等.森林保险保费补贴政策林业产出激励效应评估[J].林业经济问题,2021(3):154-163.

富丽莎,秦涛,张晞.我国森林保险保障水平差异化需求分析与政策设定——基于收入分化与经营规模化新背景[J].江西财经大学学报,2022(3):60-72.

富丽莎,潘焕学,秦涛.森林保险支付意愿及影响因素分析——基于异质性营林主体视角[J].自然资源学报,2022(3):769-783.

富丽莎,汪三贵,秦涛,等.森林保险保费补贴政策参保激励效应分析——基于异质性营林主体视角[J].中国农村观察,2022(2):79-97.

高播,张英,赵荣,等.政策性森林保险制度设计创新研究[J].林业经济,2016(2):27-32.

高岚.对森林灾害经济损失的补偿理论与保障体系的研究[J].林业经济,2002(12):34-36.

高岚.森林灾害经济与对策研究[M].北京:中国林业出版社,2003.

高阳,赵正,段伟,等.基于林业自然灾害的农户森林保险需求实证分析——以福建、江西、湖南、陕西4省为例[J].世界林业研究,2014(4):92-96.

顾雪松,谢妍,秦涛.森林保险保费补贴的"倒U型"产出效应——基于我国省际非平衡面板数据的实证研究[J].农村经济,2016(6):95-100.

国家林业局.中国林业统计年鉴(2016)[M].北京:中国林业出版社,2017.

国家林业局,中国保险监督管理委员会.2016中国森林保险发展报告[M].北京:中国林业出版社,2016.

国家林业局,中国保险监督管理委员会.2017中国森林保险发展报告[M].北京:中国林业出版社,2017.

国家林业局,中国保险监督管理委员会.2018中国森林保险发展报告[M].北京:中国林业出版社,2018.

国家林业局"集体林权制度改革监测"项目组.2014年集体林权制度改革监测报告[M].北京:中国林业出版社,2015.

韩国康.公共财政体制下浙江省林业现代化建设资金的保障[J].绿色财

会,2008(6):12-14.

何小伟,庹国柱,谢远涛.农业保险保费补贴的央地责任分担:基于区域公平的视角[J].保险研究,2019(4):3-14.

何玥.中国森林保险制度效率及影响因素研究[D].北京:北京林业大学,2015:55-78.

侯茂章,胡书兴.基于林农视角的湖南政策性森林保险实证分析[J].中国林业经济,2019(2):1-5.

胡继平,王伟.论我国森林保险制度建立的重要性和必要[J].林业资源管理,2009(2):12-16.

黄颖.基于DEA模型的我国农业保险财政补贴绩效评价分析[J].时代金融,2015(24):206,208.

黄颖,李彧挥.农户对政策性森林保险支付意愿的影响因素分析——基于分位数回归方法[J].台湾农业探索,2015(2):19-24.

黄祖梅.河南省保险业助力精准脱贫的路径和运行机制研究[J].征信,2019(7):71-78.

何玥.中国森林保险制度效率及影响因素研究[D].北京:北京林业大学,2015:55-78.

季然,宋烨,张吕梁.中国森林保险市场与补贴机制问题研究[J].中国林业经济,2020(7):118-121.

蒋凡,王永富,秦涛,等.福建省森林保险的现实困境及化解途径[J].林业经济,2018(7):93-99.

冷慧卿,王珺,高峰.发展森林保险的政策研究[J].保险研究,2009(3):66-70.

李丹,曹玉昆.国外森林保险发展现状及启示[J].世界林业研究,2008(2):6-10.

雷啸,陈泽承,黄和亮.林农对森林保险支付意愿的实证分析——基于福建省林农的调研数据[J].中国林业经济,2020(11):107-110.

李建明,蔡诗钗.深化林业融资改革 切实服务广大林农[J].绿色财会,2008(8):43-46.

李琴英,杨鸣莺,陈力朋.河南省种植业保险保费补贴的绩效评价——基于 SE-DEA 模型和 Malmquist 指数分析[J].金融理论与实践,2019(1):103-112.

李文会,张连刚.中国政策性森林保险的政策演进与展望——基于中央"一号文件"的政策回顾[J].林业经济问题,2017(6):55-60.

李文会. 我国森林保险补贴的进展及趋势分析[J].山西农经,2017(9):69.

李艳,陈盛伟. 我国政策性森林保险运行效果分析与思考[J].中国林业经济,2018(2):8-12.

李亚军. 基于保险费率、购买意愿和补贴效益的森林保险业发展与对策研究[D]. 北京:北京林业大学,2014.

李彧挥,孙娟,高晓屹.影响林农对林业保险需求的因素分析——基于福建省永安市林农调查的实证研究[J].管理世界,2007(11):71-75.

李彧挥,颜哲,王雨濛.政策性森林保险市场供需研究[J].中国人口资源与环境,2014(3):138-144.

李彧挥,王会超,陈诚,等. 政策性森林保险补贴效率分析——基于湖南、福建、江西三省调研数据实证研究[J].经济问题探索,2012(7):17-22.

李勇斌,王选庆. 我国农业保险财政补贴效率及其影响因素研究——基于 SBM-TOBIT-SBM 三阶段 DEA 和 Tobit 模型分析[J]. 当代金融研究 2018(3):111-122.

廖文梅,彭泰中,曹建华. 农户参与森林保险意愿的实证分析——以江西为例[J].林业科学,2011(5):117-123.

林洁.林业经营大户森林保险支付意愿的实证分析——基于福建省的调查[D].福州:福建农林大学,2022.

林洁,武双,苏志琛,等.福建省森林保险发展变化及制约因素的研究[J].中国林业经济,2017(5):10-14.

刘从敏,李丹.基于 DEA 模型的黑龙江省种植业保险补贴效率实证研究[J].黑龙江畜牧兽医,2015(16):3-5,12.

刘汉成.森林保险需求及其影响因素分析[J].林业经济,2019(12):60-68.

刘军.林农对森林保险需求的影响因素研究——以本溪县为例[J].安徽

林业科技,2015(2):29-33.

刘琨天,李昊,邓晶,等.生态公益林保险产品定价研究——以北京市为例[J].价格理论与实践,2018(5):103-106.

刘海巍,郭元圆,陈珂.森林保险保费支付意愿与林地适度规模关系研究[J].统计与决策,2020(4):57-62.

刘晶,刘璨,杨红强.林地细碎化程度对农户营林积极性的影响[J].资源科学,2018(10):2029-2038.

刘海巍.风险感知、风险偏好对农户森林保险投保行为的影响研究[D].沈阳:沈阳农业大学,2020.

刘岷.集体林权制度改革:农户种植意愿研究——基于 Elinor Ostrom 的 IAD 延伸模型[J].管理世界,2011(5):93-98.

龙开平.浅谈我国森林保险面临的困境和发展思路[J].湖南林业科技,2013,40(3):97-100.

逯红梅.关于农户森林保险需求影响因素的回归分析[J].农村经济与科技,2011,22(9):49-50.

卢熙明,林伟敏,黄和亮.林农视角下我国森林保险市场失灵及政府财政补贴的经济学分析[J].台湾农业探索,2016(1):20-25.

道弗曼.风险管理与保险原理[M].齐瑞宗,等译.北京:清华大学出版社,2009:109-110.

马立根,刘芳.农户购买森林保险意愿影响因素分析[J].林业经济,2014(10):44-49.

马平,潘焕学,秦涛.我国林业巨灾保险风险分散体系的构建及政策保障[J].农村经济,2017(1):67-72.

马锋梅,冯祥锦.基于最优反应动态机制的森林保险投保行为博弈分析[J].科技经济市场 2020(9):115-117.

毛成龙,郭景威,黄彦.基于 Logistic 模型的林农购买森林保险意愿的实证分析[J].绿色财会,2011(10):49-51.

牛浩,陈盛伟.我国政策性森林保险发展现状、现实困境与改进思路[J].林业经济,2019(4):119-122.

潘家坪,常继锋.关于加快森林保险法律建设的探讨[J].林业经济,2003

(6):47-48.

潘家坪,常继锋.中国森林保险政府介入模式研究[J].生态经济,2010(3):124-127.

潘家坪,蔡彦哲,李庆华,等.基于产权介入的政策性森林保险制度模式研究[J].经济研究导刊,2018(35):145-146.

潘家坪,常继锋,易进.信息不对称条件下财政支持森林保险策略研究[J].林业经济,2011(8):62-65.

潘家坪,胡杨,徐玉仙,等.优化森林保险财政补贴方式探讨[J].经济研究导刊,2019(1):45-47,88.

庇古.福利经济学[M].金镝,译.北京:华夏出版社,2007.

彭薇,李起铨,熊科.地方政府财政补贴的选择策略与偏向——基于企业异质与Heckman两阶段模型的检验[J].华东经济管理,2019(2):108-114.

钱振伟,张燕,高冬雪.基于三阶段DEA模型的政策性农业保险财补效率评估[J].商业研究,2014(10):58-64.

秦涛,靳承卓,赵圃婕.我国森林保险发展困境与优化策略——以贵州省为例[J].保险研究,2021(5):104-110.

秦涛,顾雪松,邓晶,等.林业企业的森林保险参与意愿与决策行为研究[J].农业经济问题,2014(10):95-112.

秦涛,吴今,邓晶,等.我国森林保险保费构成机制与财政补贴方式选择[J].东南学术,2016(4):101-110.

秦涛,吴静黎,孙晓敏.公益林保险投保主体道德风险形成机理与防范机制研究[J].保险研究,2021(11):58-71.

秦涛,田治威,潘焕学.我国森林保险保费补贴政策执行效果、存在的主要问题与建议[J].经济纵横,2017(1):105-110.

秦涛,田治威,刘婉琳,等.农户森林保险需求的影响因素分析[J].中国农村经济,2013(7):36-46.

秦国伟,罗龙兵,芦洁,等.林改中农户参与林业保险的意愿研究——以江西省宜春市为例[J].林业经济问题,2010,30(2):165-169.

屈术群,曾玉林,贾玉杰.湖南林农森林保险参保意愿及其影响因素分析——基于10县500户林农调查[J].中南林业科技大学学报(社会科学版),

2020(5):93-99.

司宇,郑翰文,李琪,等.基于面板数据的森林病虫害保险指数构建——以辽宁省为例[J].林业经济,2016,38(5):71-74.

石焱,方怀龙,澹台林琳.等湖南省森林保险的实践与探索[J].林业资源管理,2009(3):27-30,33.

石焱,夏自谦.世界森林保险的发展及启示[J].世界林业研究.2009(2):7-11.

宋逢明,冷慧卿.PPP模式在我国森林保险经营模式创新中的应用初探[J].上海金融学院学报,2010(5):19-22.

宋静波,王永清.森林生态功能区森林保险最优策略选择[J].统计与决策,2018(11):63-66.

宋山梅,向俊峰,陈卫洪.森林保险主体博弈行为与困境解决:以四川省为例[J].贵州大学学报(社会科学版),2018,36(5):73-80.

宋烨,彭红军.森林保险市场发展现状及制约因素研究综述[J].世界林业研究,2019(2):1-8.

宋烨,彭红军.我国森林保险市场发展现状及制约因素与对策研究综述[J].世界林业研究,2019(2):71-77.

宋璇.林业社会化服务多元供给满意度与可行性测评——基于湖南省样本县的农户调查[J].中南林业科技大学学报(社会科学版),2019(6):78-83.

孙蓉,奉唐文.保险公司经营农险的效率及其影响因素——基于SBM模型与DEA窗口分析法[J].保险研究,2016(1):43-53.

孙晓敏,秦涛,张晞,等.基于文献计量分析的森林保险研究进展与展望[J].林业经济,2020(11):75-87.

许布纳,布莱克,韦布.财产和责任保险[M].陈欣,马欣,克晓莹,等,译.北京:中国人民大学出版社,2002:46.

汤晓文,吴今,张德成,等.澳大利亚森林保险运行机制及经验借鉴[J].林业经济,2015(7):20-24.

庹国柱.我国农业保险政策及其可能走向分析[J].保险研究,2019(1):3-14.

万千,秦涛,潘焕学.农户参加政策性森林保险的影响因素分析——基于福建农户问卷调查的实证研究[J].东南学术,2012(3):62-74.

王灿雄,蔡硕聪. 福建政策性森林保险发展的经济学分析[J]. 福建金融管理干部学院学报,2014(2):20-25.

万千,田明华,万笑,等. 浅析建立政策性林木保险制度的必要性[J]. 林业经济管理,2009,(7):34-36,51.

王灿雄,简盖元,谢志忠. 福建政策性森林保险需求的实证分析[J]. 中南林业科技大学学报(社会科学版),2011,5(1):56-58.

王华丽. 中国政策性森林保险发展研究[M]. 成都:电子科技大学出版社,2011.

王华丽,陈建成. 政府支持与我国森林保险发展的经济学分析[J]. 经济问题,2009(10):105-108.

王华丽,陈建成. 森林保险中信息不对称问题及其防范措施[J]. 林业经济,2011(3):23-28.

王珺,张蕾,冷慧卿. 关于开展政策性森林保险的建议[J]. 林业经济,2009(4):28-29.

王庆辉,周长虹. 森林保险现状与困境解决[J]. 四川林业科技,2018(3):134-136.

王韧,莫廷程. 基于三阶段DEA模型的农业险补贴政策效率研究[J]. 农村经济,2016(11):61-65.

王天会. 浙江省森林保险现状及困境研究[J]. 林业经济问题,2017,37(6):62-65.

王团真. 农户购买森林保险意愿的影响因素分析——基于福建省的实地调查[J]. 经济研究导刊,2013(18):156-157.

翁奇. 福建林农森林保险购买行为及影响因素分析[J]. 福建林业,2018(2):17-21.

夏钰,秦涛. 我国森林保险保费补贴的区域差异化[J]. 江苏农业科学2017(17):314-318.

谢屹,温亚利,陈鹏,等. 基于森林经营视角的森林保险制度问题与成因探析[J]. 世界林业研究,2011,24(5):66-70.

谢异平. 从林业的特性出发思考森林保险政策的设定[J]. 绿色财会,2008,(12):7-8.

邢红飞,贾子昂,宫大鹏,等.基于风险区划的我国森林火灾保险费率厘定研究[J].林业经济,2018(2):107-112.

行怀勇,鹿永华.山东省发展政策性森林保险问题及对策[J].林业经济,2015(11):110-113.

熊国平,何文雄.建立我国森林保险运行体系问题初探[J].江西林业科技.2010(3):47-50.

许慧娟,张志涛,蒋立,李天送.关于构建复合型森林保险体系的探讨[J].林业经济,2009(4):30-37.

许时蕾,张寒,刘璨,等.集体林权制度改革提高了农户营林积极性吗——基于非农就业调节效应和内生性双重视角[J].农业技术经济,2020(8):117-129.

杨万里,宋璇,杨子萱,等.基于林农视角的政策性森林保险完善与创新研究——以湖南省怀化市为例[J].中国林业经济,2020(4):113-117.

杨琳,石道金.影响农户森林保险需求因素的实证分析——基于对浙江省156户农户的调查[J].北京林业大学学报(社会科学版),2010(3):103-107.

于宏源,王伟逸.森林保险保费补贴的央地责任分担——基于区域公平的视角[J].山东工商学院学报,2020(10):115-124.

曾静,王锦霞.湖南省森林保险情况分析及相关建议[J].保险职业学院学报,2010(3):17-19.

国家林业局"集体林权制度改革监测"项目组.2014集体林权制度改革监测报告[M].北京,中国林业出版社,2015.

曾玉林,贾玉杰,欧阳朔斯.政策性森林保险农户投保意愿关键影响因素分析——基于合作博弈理论与湖南省7年农户监测数据[J].林业经济,2020(11):36-48.

战立强.构建差别性森林保险体系的思考[J].保险研究.2010(2):92-95.

张长达,高岚.我国政策性森林保险的制度探讨——基于福建、江西、湖南森林保险工作的实证研究[J].农村经济,2011(5):83-86.

张长达,高岚.我国林业保险发展及制度探索[J].宏观经济管理,2011(10):50-51.

张兰花.林权抵押贷款信用风险管理探析[J].林业经济问题,2016(6):541-545.

张兰花,李杰.森林保险能否缓释林权抵押贷款风险——基于福建省的案例分析[J].福建技术师范学院学报,2022(1):37-42.

张璐,贺超,林华忠.农户参与森林保险意愿影响因素分析——基于7省农户调研数据[J].北京林业大学学报(社会科学版),2019(2):55-60.

张旭光,赵元凤.农业保险财政补贴效率的评价研究——以内蒙古自治区为例[J].农村经济,2014(5):93-97.

赵君彦,焦晓松,朱玉涛,朱巍.我国农业保险财政补贴效率的综合评价——基于DEA模型[J].农业经济,2015(5):89-91.

赵明浩.欠发达地区农户参与森林保险意愿影响因素分析——基于对贵州省麻江县93户农户的调查[J].农业部管理干部学院学报,2015(6):23-26.

赵新华,徐永青.林农保险支付意愿的实证分析及补贴水平研究——基于山东省的调查分析[J].金融理论与实践.2016(6):88-91.

赵珍仪.基于新制度经济学的政策性森林保险研究[J].产业与科技论坛,2017(7):102-103.

郑彬,高岚.森林保险保费补贴效率测评——基于SE-DEA模型与Malmquist指数[J].资源开发与市场,2019(1):7-12.

郑志山,周式飞.森林保险市场的供求均衡与财政补贴制度[J].林业经济问题,2008(6):552-555..

周朝波,彭欢.互联网金融崛起下中国保险业效率研究——基于三阶段DEA法[J].上海保险,2018(12):44-51.

周式飞,黄和亮,雷娜.森林保险成本和价格与供求失衡分析[J].林业经济问题,2010(2):161-164.

朱述斌,胡水秀,申云,等.林业生态补偿机制缺失背景下森林保险有效需求影响因素实证分析——基于江西10个林改监测县的农户调查[J].林业经济,2013(7):82-87.

朱臻,黄晨鸣,徐志刚,等.南方集体林区林农风险偏好对于碳汇供给意愿的影响风险——浙江省风险偏好实验案例[J].资源科学,2016(3):565-575.

BRUNETTE M,S COUTURE. Effects of Public Compensation for Disaster Damages on Private Insurance and Forest Management Decisions [J]. Working Papers-Cahiers du LEF,2007(6):1-32.

CUMMINS J D ,WEISS M. A. , XIE X. , ZI H. Economies of scope in financial services: A DEA efficiency analysis of the US insurance industry [J]. Journal of Banking & Finance, 2010(7):1525-1539.

DE SAINT-VINCENT. Assurances desbiens forestiers etgestion financiè‚re des risques aux forets. Expertise collective sur les tempetes, la sensibilite' des forets etsurleur reconstitution. Dossiers de l'environnement de l'INRA20, forests et tempête. INRA,Paris,2000:229-237.

DENG Y, MUNN I A, COBLE K, et al. Willingness to pay for potential standing timber insurance[J]. Journal of Agricultural & Applied Economics, 2015, 47(4):510-538.

EZDINI S. Economic and socio-cultural determinants of agricultural insurance demand across countries[J]. Journal of the Saudi Society of Agricultural Sciences,2017(4):165-188.

FREEMAN. Strategic Management: A stakeholder approach[M]. Cambridge, UK. Cambridge University Press, 1984 .

FRIED H O. SCHMIDT S S. YAISAWARNG S. Incorporating the operating environment into a nonparametric measure of technical efficiency[J]. Jouanal of productivity analysis,1999 (3):249-267.

FRIED H O. LOVELL C A K. SCHMIDT S S. Accounting for Environmental Effects and Statistical Noise in Data Envelopment Analysis[J]. Journal of Productivity Analysis,2002(2):157-174.

GLAUBER, W J, K J COLLINS. Crop Insurance, Disaster Assistance, and the Role of the Federal Government in Providing Catastrophic Risk Protection [J]. Agricultural Finance Review, 2002,Fall,82-103.

GOODWIN B. Farm Safety Nets and the 2000 Agricultural Risk Protection Act[J]. Canadian Journal of Agricultural Economies,2001,(4):543-555.

GRANOVETTER M. Economic action and social structure: the problem of embeddedness[J]. American Journal of Sociology,1985(3):481-510.

HELLERSTEIN D, HIGGINS N, HOROWITZ J. The predictive power of risk preference measures for farming decisions [J]. European Review of Agricultural Economics, 2013(5):807-833.

HO M, SHAW D, LIN S, et al. How do disaster characteristics influence risk perception? [J]. Risk Analysis,2008(3): 635-643.

HOLTHAUSEN, N, P BAUR. The Demand for an Insurance against Storm Damage in Swiss Forests [J]. Schweizerische Zeitschrift fur Forstwesen, 2004(10): 426-436.

HOLDEN S T, OTSUKA K, DEININGER K. Land tenure reform in Asia and Africa: Assessing impacts on poverty and natural resource management [M]. New York: Palgrave Macmillan, 2013.

HYDE W F, YIN R S. 40 years of China's forest reforms: Summary and outlook[J]. Forest Policy and Economics. 2019(1): 90-95.

LETHERS H D, QUIGGIN J C. Interactions between agricultural and resource policy: The importance of attitudes toward risk [J]. American Journal of Agricultural Economics, 1991(3):757-764.

KAO C. Malmquist productivity index based on common-weights DEA: The case of Taiwan forests after reorganization[J]. Omega, 2010,(6):484-491.

BRUNETTE M, HOIECY J, SEDLIAK M, et al. An actuarial model of forest insurance against multiple natural hazards in fir (*Abies Alba* Mill.) stands in Slovakia[J]. Forest Policy and Economics, 2015(55): 46-57.

MENAPACE L, COLSON G, RAFFAELLI R. A comparison of hypothetical risk attitude elicitation instruments for explaining farmer crop insurance purchases[J]. European Review of Agricultural Economics, 2016,(1): 113-135.

P WANKE. CP Barros Efficiency drivers in Brazilian insurance: A two-stage DEA meta frontier-data mining approach[J]. Economic Modelling,

2016(2).

SAUTER P A, MOLLMANN T B, ANASTASSUADIS F, et al. To insure or not to insure? Analysis of foresters' willingness-to-pay for fire and storm insurance[J]. Forest Policy and Economics, 2017(73): 78-89.

S M LIMAEI. Efficiency of Iranian forest industry based on DEA models[J]. Journal of Forestry Research, 2013(4): 759-765.

GHAZANFAR S, ZHANG Q W, ABDULLAH M, et al. Farmers'perception and awareness and factors affecting awareness of farmers regarding crop insurance as a risk coping mechanism evidence from Pakistan[J]. Journal of Northeast Agricultural University(English edition), 2015 (1): 76-82.

WINSEN V F, MEY D Y, LAUWERS L, et al. Determinants of risk behavior: effects of perceived risks and risk attitude on farmer's adoption of risk management strategies [J]. Journal of Risk Research, 2016, (1): 56-78.

YANG Z. A two-stage DEA model to evaluate the overall performance of Canadian life and health insurance companies[J]. Mathematical and Computer Modelling, 2006(7): 910-919.